【図説】呪具・法具・祭具ガイド

呪術探究編集部❖編

宮城泰年
豊嶋泰國
羽田守快
大宮司朗
大森義成

原書房

［図説］呪具・法具・祭具ガイド

霊験をもたらす修験道の法具　宮城泰年

執筆者紹介

宮城泰年（みやぎ・たいねん）

1931 年京都府生まれ。聖護院門跡門主。主な著書に『修験道という生き方』（新潮社、共著）、『動じない心』（講談社）などがある。

豊嶋泰國（とよしま・やすくに）

1959 年北海道函館市生まれ。宗教学、民俗学などを学ぶ。新聞社、出版社勤務を経て、現在宗教文化研究に専心。主な著作に『仏教現世利益事典・第 1 巻』（興山舎）などがある。

羽田守快（はねだ・しゅかい）

1957 年東京都生まれ。総本山園城寺学問所員。寺院住職。主な著書に『行者の本音！』（青山社）などがある。

大宮司朗（おおみや・しろう）

幼少より霊学・古神道にかかわりのある環境に育ち、研鑽を重ね、太古真法（斎宮神法）、幽真界の各種神法に通ず。主な著書に『禁厭秘帖』『神法道術秘伝』（八幡書店）などがある。

大森義成（おおもり・ぎじょう）

諸師に師事し、得度、受戒、加行、灌頂、諸法流を承ける。善龍庵主。在家における密教の修道と供養を説いている。主な著書に『如来と菩薩ご利益・功徳事典』（学研パブリッシング）、『真言・陀羅尼・梵字：その基礎と実践』(共著、大法輪閣) などがある。

［図説］呪具・法具・祭具ガイド

霊験をもたらす修験道の法具

◆宮城泰年

修験道《しゅげんどう》はもともと教義があって成立した教団ではない。仏教渡来以前からあった自然崇拝の中にその端を発する。

数日間降り続いた雨は谷の水かさを増し、鉄砲水は集落を流し耕作地を泥海にしてしまう。あるいは突如として秀麗な山が火を噴き、火山流や土石流はすべてを焼き尽くし、大地を埋めてたくさんの人が死んだ。古代において人々はこれを神の怒りと考えた。

農耕民族である日本人は自分達の先祖の霊魂は浄化されやがて山に登り、山のそこ此処に住みつくと考えた。住みついた霊魂は山の神となって里人《さとびと》の生業《なりわい》を山の上から眺め、それを採点した。里人が山の神を尊び敬う心掛けに隙ができたとき、神は里人に警告を発して洪水や噴火を引き起こす、風雨順調な天候に恵まれ、大地が豊饒を約束することは先祖神によく仕えたご褒美であり神の恵みであった。農耕民族にとってそうした神の山は麓から畏れ尊び礼拝するものだった。三輪《みわ》神社や富士山周辺の浅間《せんげん》神社など山を背後にした神社は、かってはそこを拝殿として山を遥拝した姿のなごりである。

霊験をもたらす修験道の法具

金剛山より見た大峰山脈

葛城山（右）、金剛山（左）

やがて人々は遙拝期を経て、徐々に登拝して神の霊力をわが身に具えようと山に入るようになる。男《なん》体山《たいさん》に見られる祭祀の遺跡が麓から頂上に行くに従って時代が新しくなるのはその実証である。そうしたころに仏教が伝わり、神の峰々は曼荼羅《まんだら》の世界に影響され、釈迦岳《しゃかだけ》・大日岳《だいにちだけ》・観音峯《かんのんみね》・普賢岳《ふげんだけ》など仏教的な呼び方がされるようになる。と同時に道教《どうきょう》の影響もあってか蘇莫者岳《そまくしゃだけ》などの名も見える。

寛治《かんじ》四年（一〇九〇）、白河上皇《しらかわじょうこう》の熊野本宮《くまのほんぐう》参詣を機に京都に聖護院《しょうごいん》が建立され上皇を先達した増《ぞう》誉《よ》大僧正《だいそうじょう》に下され、修験道の統括が許される。室町時代には教団が強固なものになり、聖護院宮を戴く末派《まっぱ》修験者たちは地方の山々で修行すると同時に、修行の成果を問うべく京洛に上り門跡《もんぜき》の入峯《にゅうぶ》に従い、大峯《おおみね》や葛城《かつらぎ》に入ることを名誉とした。

幾多の関所を通り、入洛し、その都度身分を確かめられた中から、作法としての山伏問答《やまぶしもんどう》が今に伝えられている。

（旅の行者《ぎょうじゃ》）　案内《あない》もう　案内もう。
（問《と》いの行者）　承《う》けたもう　承けたもう　旅の行者住山《じゅうざん》いずれなりや。

で始まる山伏問答。それは法螺《ほら》を鳴らして案内を請い、錫杖《しゃくじょう》を振って問答の掛合が勇ましい。

そこには法剣《ほうけん》や錫杖・念珠《ねんじゅ》などの持ち物法具、あるいは頭巾《ときん》・引敷《ひっしき》・螺緒《かいのお》・鈴懸《すずかけ》など着衣の解説が試みられ、文語体ではあるが持ち物に仏教的な意味づけや、故事来歴、効能が述べられなかなか面白い。

問答をクリアし、修験集団の一員となった山伏は、護摩《ごま》の行法に参加し、あるいは登拝《とうはい》修行の一員となって山に赴く。

霊験をもたらす修験道の法具

熊野本宮

山伏問答

現在そうした儀礼や登拝の中に後述（結袈裟の項）の人の苦楽を共にすることができる菩薩行《ぼさつぎょう》の実践課題として六波羅蜜《ろくはらみつ》の実践等が採り入れられているが、問答の中にもそうした発想が生きている。歌舞伎の「安宅《あたか》の関《せき》」における弁慶《べんけい》と富樫《とがし》の問答はあまりにも有名で、弁慶がイラタカ念珠《ねんじゅ》をもみすり揉み上げ富樫に対するとき、年末顔見せの客たちは固唾を呑んで舞台に引きつけられる。

最多角《いらたか》念珠

梅の木をそろばん形の珠に削り、一〇八を連ねた数珠《じゅず》で、多い煩悩《ぼんのう》（最多）を破り悟《さと》りに向かわす（角）ことを意味するとも、角が多いことから最多角の字をあてるともいう。イラタカというのは苛立《いらだ》ったように揉みするところからでたというが、もみすって揉みすってその角が丸くなるまでになると、修行が積まれて人が円満になるといわれる。それは『木槵子経《もくげんじきょう》』には、国王の問に答えて釈尊《しゃくそん》が「國の乱を治め、悪病を免れるには木槵子（ムクロジ）の実を一〇八個つなぎ仏の名を念じ続け、その数が数万になれば煩悩を滅して悟りの境地に到る」と答えられた故事に相通ずるのであって、私達は修験道が行う祈りの護摩修行の一つである採灯《さいとう》護摩に際しリズミカルな祈りの文言に合わせ「天魔外道皆仏《てんまげどうかいぶつ》性《しょう》、四魔三障成道来《しまさんしょうじょうどうらい》、魔界仏界同如理《まかいぶっかいどうにょり》、一相平等無差別《いっそうびょうどうむしゃべつ》」と唱えながら数珠の音を響かせ祈りの成就を願っている。

本来山伏はその形を不動明王《ふどうみょうおう》に象《かたど》るといい、鈴懸に結袈裟《ゆいげさ》という山伏姿が不動の働きを示しているという。不動明王はもとシヴァ神のアチャラという異名を持ち、仏教に採り入れられてから曼荼羅の中尊である大日如来の教えを承り、使いの尊となって走り回り人々の迷いを解き、救いをもたらすように働くところから「大日の教令輪身」「不動使者」等という異名がある。ということは山伏は修行を積んでその霊的な働きを、仏に命ぜられるままに人々の中にあって、無私無欲の六波羅蜜に徹して実践しなければならないのだ。

結袈裟《ゆいげさ》

修験道ではその発生を宗祖「役行者《えんのぎょうじゃ》」の九条袈裟《くじょうげさ》に求める。役行者が山中で九条袈裟をはずして置いたところ、猿が来て戯れに六つの結び目をこしらえてしまったという。これが結袈裟の原型で、山伏問答に曰く。

「結袈裟とは修験道専用の袈裟にして九条袈裟を折り畳みたるもの、九合《くごう》は九界《くかい》を表し行者は仏界《ぶっかい》にして十界一如《じっかいいちにょ》の不動袈裟、三《み》ツ股《また》なるは三身即一《さんじんそくいつ》、六つの房《ふさ》は六波羅蜜を表すものにて候」

若者が見ると時に「かっこいい！」という声が聞こえてくる結袈裟、実はこのようにたくさんの意味を表している。

袈裟《けさ》とは梵語《ぼんご》であって濁とか染の意味がある。元々は糞掃衣《ふんぞうえ》といい、インドでは大中小の三衣《さんね》が衣であり袈裟であった。墓地などに捨てられている布を洗い、継ぎ合わせて作ったという。出家は世間が避けるものを身に着けて、着飾らない、物にとらわれない、つまり欲深い心を捨てている姿を示しているものである。

気候や組織の影響を受けて日本では法衣《ほうえ》と袈裟は分けられ、僧侶が衣の上から掛ける七条袈裟・五条袈裟・輪《わ》袈裟などをさすが、本来の精神は『大智度論《だいちどろん》』に「行者は少欲知足《しょうよくちそく》にして、衣趣《いしゅ》、形《かたち》を蓋《おお》ふに多からず少なからざるが故にただ三衣の法を受く。……」と出ている如く華美な装飾のものを用いない。修験の袈裟には真言宗《しんごんしゅう》系統の磨紫金《ましこん》袈裟と天台宗《てんだいしゅう》系統の結袈裟があげられるが、ここでは結袈裟

霊験をもたらす修験道の法具

役行者

に絞っておく。

お釈迦様が迦葉尊者《かしょうそんじゃ》にご自身の袈裟を与えられた故事から、袈裟を授与するのは「あなたこそ、法の伝承者である」という大きい意味がある。しかも結袈裟を不動袈裟ともいうのは、不動明王の身体が青黒なのは無明の迷いを示し、その上奴隷階級の習俗である足環や腕にブレスレットのような装身具（臂釧《ひせん》・腕釧《わんせん》）を着け、着衣を腰下にしている奴婢《ぬひ》の姿をしているかと思えば、煩悩を断ちきる剣をもち、頭頂には悟りを象徴した蓮華がある。即ち迷いの世界も悟りの世界も根底的には一体であることを示している存在であることから、この袈裟を着けることによって山伏はその身そのままで不動明王の力を持つものとされるのである。

結袈裟には梵天《ぼんてん》という房が六つある。房の間を「合」といい九つあるのを九界とし、袈裟を着ける行者自身を仏として十界を表すという。十界とは地獄界から仏界に到る十の段階的世界をいい、修験道では仏の境地に到達するため、山の修行行程にこれを配当し、これを克服し、体得すると同時に日常生活にも当てはまることを意味づけし教えている。

照らされ・吹かれ・降られてあらゆる苦しみが集まった苦の「地獄の世界」、長い道中、喉が乾き腹が空いたと苦しむ「餓鬼の世界」、百二十キロの道のりを先達《せんだつ》の命に従い、担いだ荷はしだいに肩に食い込んでくる「畜生《ちくしょう》の世界」、修羅《しゅら》のように戦う奮発の心を起こして歩き続ける「修羅の世界」、人は仏性《ぶっしょう》を具《そな》えている、仏教の根本「諸悪莫作《しょあくまくさ》　諸善奉行《しょぜんぶぎょう》」の心で行動する「人間の世界」、そのような思いをし、実践をしてやっと山の頂に立った喜び「天道《てんどう》の世界」、多くの人から教えを聞く聞法《もんぼう》の行を積み重ねる「声聞《しょうもん》の世界」、吹かれ照らされたことも大自然の中に身を置き、山の神と一体になる中で、ふとした機縁で悟りにつながる「縁覚《えんがく》の世界」、人々を救う利他《りた》の活動、六波羅蜜行をして奉仕の

霊験をもたらす修験道の法具

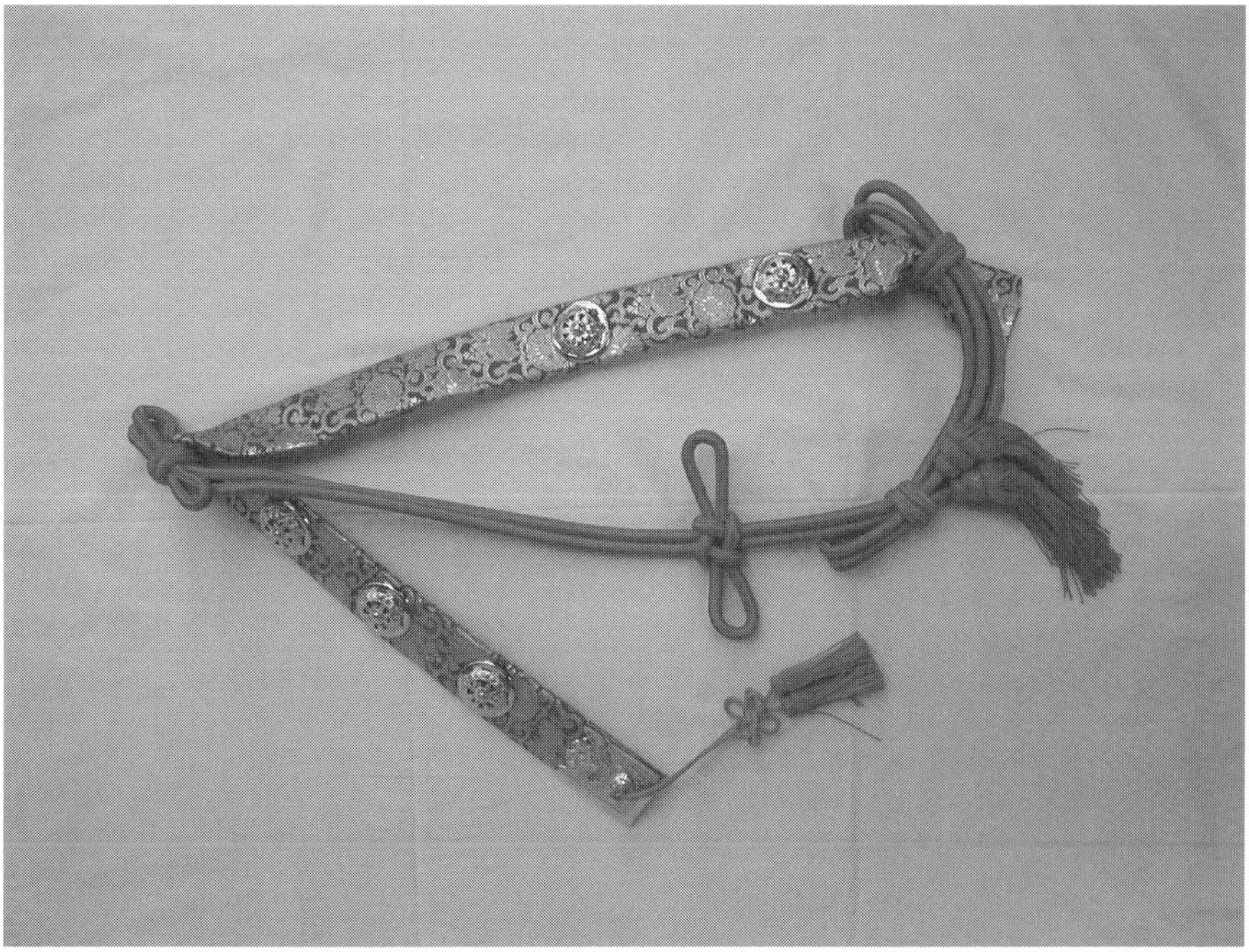

磨紫金袈裟

生き方を実践する「菩薩の世界」、そして仏との一体感を体得する入我我入《にゅうががにゅう》の「仏の世界」。

という十界も、それぞれ別々に存在しているものではなく、十界一如《じっかいいちにょ》の世界が山伏に備わっている。例えば人間の世界にも地獄から仏までの世界があり、菩薩の世界にも地獄から仏までの世界があること。「十界互具《じっかいごぐ》」ともいい、お互い皆十界を具えて居るが故に地獄の苦しみの中からも悟りの世界に赴くことが可能であり、縁覚の者が餓鬼界に落ちることもある。もしそれぞれが固定した存在なら、修行をして自身を向上さすことができない。互具・一如であるから迷転じて覚となることを保証しているのである。

また袈裟が肩の所から三本に別れているのをさして三身即一という。

法身《ほっしん》は仏の本身《ほんしん》である法を指し（永遠不滅だが人格性に欠けている）、応身《おうじん》は現実世界に応現《おうげん》した仏の現身《げんしん》を指す、役行者や宗祖方もそうだといえる（人格には富むが一時的なもの）。そこで両者を合わせた報身仏《ほうじんぶつ》（因《いん》としての修行を積み、その報いとしての功徳を具えた仏）が考えられた。そのすべての徳を一身に顕わしたものをいう。

十界の修行の中でも菩薩界の六波羅蜜行というのが、最も大切な修行である。六波羅蜜は、六度《ろくど》ともいい、次の六つが身に付き、体得できたら彼の岸、即ち悟りの世界に渡る（菩薩に成ることができる）のである。

1、檀《だん》（布施《ふせ》）波羅蜜

修行においては霊場《れいじょう》、行場《ぎょうば》などで先達がその歴史や由来を語り、人々によい話をし、僧侶が経を読んでくれるのが「法施《ほうせ》」であり、空腹のものに食料を分け、水筒の水を飲ます、あるいは僧に布施をする、困窮しているところにカンパし物を差しあげるのが「財施《ざいせ》（物施《ぶっせ》）」である。苦しんでいる者の荷を持ち、あるいは肩を貸す、苦を共に分かち合い落ち込んでいるものに精神的な支えをするのは「無畏《むい》施《せ》」である。

2、尸羅《しら》（持戒《じかい》）波羅蜜

先達、師の指示を守り、峰中《ぶちゅう》の規律正しい行動は戒を保つことである。社会には色々な決まり事がある。それらを守る生き方をいう。

3、羼提《せんだい》（忍辱《にんにく》）波羅蜜

暑い、空腹、疲れた、眠たいなど自分の勝手だけをいっていては修行にも勉強にもならない。人生は送れない。苦しさに負けず、辛抱し譲り合って生きて行くところに忍辱の行がある。

4、毘梨耶《びりや》（精進《しょうじん》）波羅蜜

勇気をもって善を行い、悪を絶ち切る心の作用で（諸悪莫作　諸善奉行）、何事にも心を打ち込み努力することである。

5、禅那《ぜんな》（禅定《ぜんじょう》）波羅蜜

心を一所に定め、うろうろしないことを禅定という。修行のための入峰の時、断崖絶壁でよそ事を考えるだろうか。自分の仕事に打ち込むこと、心を一つに努力してこそ禅定である。

6、般若《はんにゃ》（智慧《ちえ》）波羅蜜

私欲や邪見、執着（それは煩悩である）を離れることができると、人が本来持っている仏心を発揮できる。山は正しい智慧を磨くのに適している。

波羅蜜とは到彼岸《とうひがん》、完全な、絶対のという意味があるように、その結果に期待を持つ思いからも離れた行動が要求されている。行基《ぎょうき》の貧民救済。ハンセン病者の心を支えた念仏聖《ねんぶつひじり》の一遍上人《いっぺんしょうにん》。空也《くうや》上人は道をなおし橋を架け、荒れ野に捨てられたままの死骸を集めて火葬し回向《えこう》した。それらの行動はまさに波羅蜜の行動であった。鴨長明《かものちょうめい》『発心集《ほっしんしゅう》』に智者で有名な千観内供《せんかんないぐ》が空也に後世の救済を問うたところ「身を捨ててこそ」と返ってきたとある。それが波羅蜜の心といえる。結袈裟の六房の意味、大なるものがある。

鈴懸

問答に「入峯修行の法衣なり、鈴《れい》は五鈷《ごこ》鈴、即ち大日如来の三昧耶形《さまやぎょう》にしてその音声は法身の説法なり。この大日阿字不生《あじふしょう》の寶鈴《ほうれい》を襟にかけて一乗菩提《いちじょうぼだい》の霊峰《れいほう》を修験するをもって斯《か》くは名づけたり」

五鈷鈴は鈷鈴《これい》の一であり、鈴の上にある五鈷杵《しょ》は金剛界《こんごうかい》大日如来の五智《ごち》を表し、その下の八葉蓮華《はちようれんげ》の形は胎蔵《たいぞう》界の大日を中尊とした八葉の蓮台を表すところから大日如来の働きを象徴的に形として表すもの（三昧耶形）であり、自身が大日如来の徳を表しながら修行する観念を述べている。

『法華経《ほけきょう》』の五百弟子受記品《ごひゃくでしじゅきぼん》第八には、旅立ちにあたって親友より喩《たと》えようのない宝の珠《たま》、すなわち「仏性《ぶっしょう》」という宝を着物の裏に繋《か》けてもらったのに、愚かな友人は仏になれる性質を持っていることを知らずに迷いの世界を遊行《ゆぎょう》した、それに気づくところに仏道修行の本質があるという「衣裡繋珠《えりけいじゅ》」の喩えがあり、その故事を鈴懸衣に教義的に採り入れていると考えられる。

また原始信仰者（シャーマン）の衣装には音のするものを付けていることが一般的であるので、修験道もそのような事と関係があるという説もいわれる。

また使用されている布の数や紐の数、その組み合わせ方などで、金剛界の九会《くえ》、胎蔵界の八葉、三悪《さんなく》道《どう》、六波羅蜜などを表すとか、着方で順《じゅん》の峰入《みねいり》（胎蔵界《たいぞうかい》の世界とされる熊野から、金剛界《こんごうかい》とする吉野に

法弓作法

法剣作法

向かう峰入りを「順峯《じゅんぶ》」「従因至果《じゅういんしか》の入峯」という）、逆の峰入（金剛界の世界とされる吉野から熊野に向かうのを「逆峯《ぎゃくぶ》」「従果向因《じゅうかこういん》の入峯」という）を表す。あるいは色で無明《むみょう》、清浄《しょじょう》、不動尊、母胎《ぼたい》などを表す等、諸説の意味づけがある。

総じていうと、鈴懸は曼荼羅を表し、仏界を示す衣に我が身が包まれて修行することなどを示している。

このように身に着けるそのものに不動や大日の力や働きを充《あ》て、己の行動を仏の行いに表すのが修験の特徴であるが、その他いくつかの特長ある法具を紹介しよう。

鈴懸姿で採灯大護摩供を行うに当たり、前作法《ぜんさほう》という式がある。護摩壇場の中ではじめに法弓師《ほうきゅうし》が東西南北中央鬼門《きもん》の六方向に六色の矢を放ち、道場の守護を五大明王《ごだいみょうおう》やその眷属《けんぞく》に祈る。次に行う「法剣《ほうけん》の作法」に力がある。法剣師が護摩壇の前で文を唱え、剣を振りかざして光の字形に切る。法剣の働きは「煩悩魔性《ましょう》を断破《だんぱ》する」不動の利剣を象り、山伏達それぞれが腰に帯びているものである。

また加持祈禱を行う際の不動根本印《ふどうこんぽんいん》は左右の手で刀身と鞘を表し、不動真言（ナマクサマンダバサラナン　センダマカロシャナソワタヤ　ウンタラタカンマン）と共にこれを抜いて身体の右脇で身の全体を加持し、また鞘に収める作法があるのは、まさに自身が不動となって物事の成就を祈る作法に他ならない。

山中においてもここぞと力が欲しいとき、信徒先達《しんとせんだつ》がキッとなってこの根本印を結んでいる姿を見ることができる。添護摩木《そえごまぎ》を護摩壇に投ずるとき、法剣を抜いてこれに切りあて、加持力《かじりき》をもって火中に投じている先達がいる。これらは不動の力を直接的に求めている姿であるといえる。

採灯大護摩供

導師作法

不動根本印

霊験をもたらす修験道の法具

前作法によって内外の煩悩や魔性から結界《けっかい》された道場ではまず読経のリーダーを勤める経頭が錫杖を振って『九条錫杖経《くじょうしゃくじょうきょう》』を発頭する。この錫杖もまた力があると考えられる。問答では「一法界《いちほっかい》の総体《そうたい》」といい「衆生覚道《しゅじょうかくどう》の智杖《ちじょう》、六輪《ろくりん》あるのは六波羅蜜を表し、その音により一切衆生《いっさいしゅじょう》の迷夢《めいむ》を驚覚《きょうかく》する」という。六輪がはまっている本体の形は宇宙を表すと考える。その中に太陽と月を見るのは万物創造の世界、陰陽合体の力であり、『般若心経《はんにゃしんぎょう》』や不動呪《しゅ》を声高に唱えながら錫杖で調子をとるのも、これを振って六波羅蜜の音を響かせ、迷いを転じて仏性《ぶっしょう》の世界に赴かすものである。

近年は短い手《て》錫杖が中心となっているがもともとその文字に表されているようにこれは杖で、その頭に錫杖が付けられており、歩くたびに迷夢を覚ますものであった。その杖にも霊的な力が備わっていると考えられる。

ことに宗教家の持つ杖は霊力があり、それを立てたところに清水がわき出す「弘法水《こうぼうすい》」、役行者が立てたところに竹が生えたという「竹生島《ちくぶじま》」という伝説が生じ、巡礼が同行二人《どうぎょうににん》とするのは持っている杖がお大師さんだとする。杖の頭に切りかきを設けるのは五輪塔婆《ごりんとうば》を表す自分の墓標である。近年まで山から出た行者を迎えるときその前に蹲踞《そんきょ》して合掌する人もいた。行者は杖をその人の左右の肩に押し、真言を唱える。先祖の鎮まる死の山々を遍歴した行者の杖は、生死を超越した霊験のある杖として考えられ、人々は杖加持を受けたのだ。

これだけの力がある杖はもちろん実用品としての役目が大きい。左手に谷を見ながらの道は右側に少し重心を移して杖をつくが、右が谷の場合は左手に持ち替えて杖をつく。こうした実用品が山伏の身にいくつか見られるのも、この宗教者の特徴である。

尻に付けた毛皮を引敷《ひっしき》という。

「汝仏者《なんじぶっしゃ》にありながら獣《けもの》の皮を身につけたるいわれや如何《いか》に!」

「これ引敷と申す。文殊《もんじゅ》菩薩が獅子に跨《またが》り降臨《こうりん》ありしを象る獅子乗《じょう》の義、実用には木の根岩角に座する行者の用具なり」。ここでもまた行者は智慧の文殊になぞらえられているが、実用としての役目は大きい。少々濡れたところでもお構いなしに座れる。山小屋に寝るときは背中の下に入れると保温の役目をする。筆者は檜沢の雪渓を下るときソリの役をこれに持たして、おおいに時間を稼いだこともある。

同じく腰にめぐらし両腰に垂らしている螺緒《かいのお》が実用品だ。

「これ螺緒と申す。山岳抖擻《とそう》の際、絶壁をよづるとき、または危難の際これを解きてもちうる用具にし

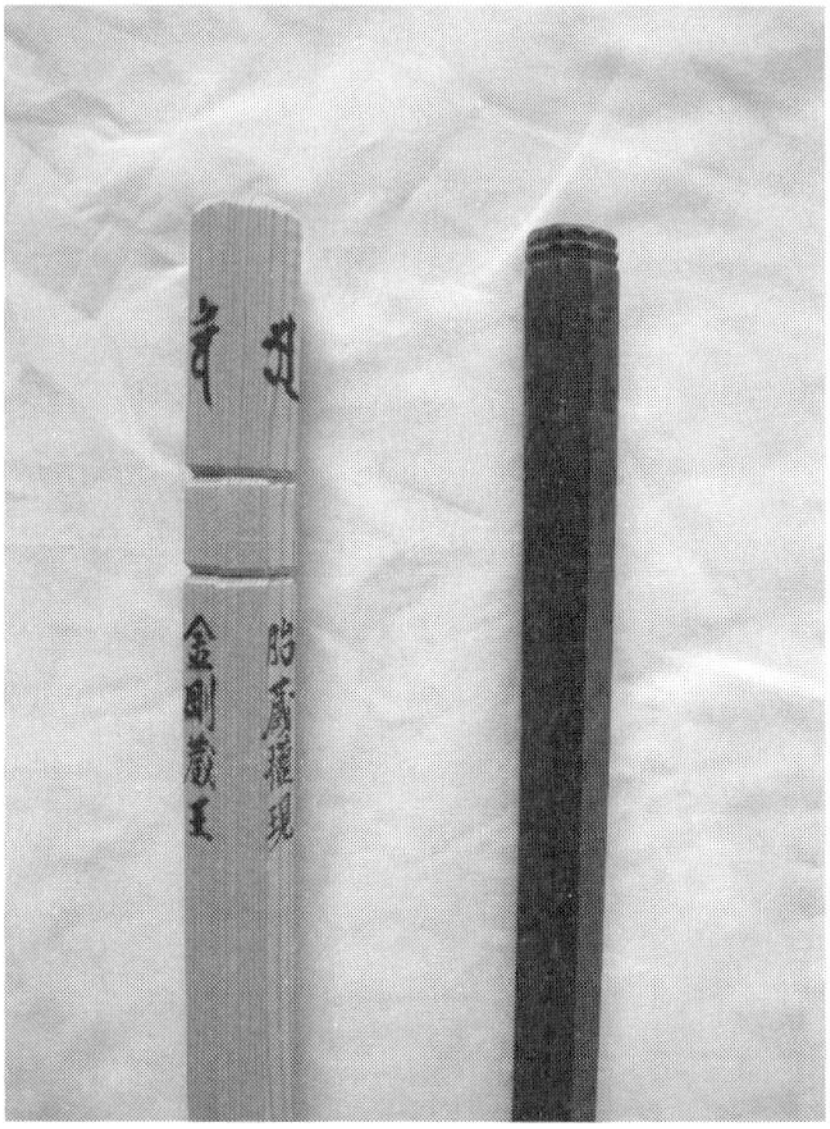

霊験をもたらす修験道の法具

杖加持

て、法義には金界《こんかい》バン字の形、壇線《だんせん》の意を表ず」行者は聖なる存在だから自分の身に結界を張って魔性《ましょう》が入ってこない形としている。しかも智慧の金剛界の存在と主張するのだが、度々ご厄介になる頼みの綱でもある。

まず大峯山上《おおみねさんじょう》ヶ岳《たけ》の代表的行場「西の覗《のぞ》き」では、行場先達が突き出す新客《しんきゃく》行者の左右からその螺緒を引き、もう一方の手で新客の足を持って絶壁に押し出す。押す力と引く力のバランスを保って、後ろからたすき掛けのロープもゆるめられて臍まで絶壁に押し出される時の螺緒のホールドは引き上げるとき、特に役立つのである。「七日は行者さんの命日、二十八日は不動さんの日、精進するか！　深酒するな！　嫁さん大事にせえ！　ええかわかったか！」突き出される人によってこの文言は変わるが「ハイーッ」の答えを聞いて螺緒とロープで上にたぐり寄せるのである。真っ青になった新客は後ろに下がり次の新客が同様に突き出される。

時折奥駈道《おくがけみち》で疲労のあまり倒れる者の救出や、斜面を落ちた者の引き上げなどにも螺緒はなくてはならない。編んであるこれを解き左右を繋ぐと十一メートルまでのばすことができるザイルである。

奥駈修行といわれる厳しい修行は、普段は吉野《よしの》から前鬼口《ぜんきぐち》まで百キロ余を歩く。近鉄吉野線六田駅に近い吉野川の流れに水垢離《みずごり》を取ってから後は五日目の午前十時まで乗り物とはお別れだ。毎日午前三時起床、四時出発、前鬼は午前三時出発である。山上ヶ岳に近い五番関が女人結界《にょにんけっかい》、ここで女性参加者は別れて翌日行者還宿《ぎょうじゃがえりのしゅく》で合流する。

一般登山書では、健脚向きコースとされているが修行者は決して健脚の集団ではない。四時に出発して道中霊所にお勤めしながら午後四時頃に到着、遅れる人は助けられながら六時頃になる。疲労が重なってくるとにぎりめしが喉を通らなくなる。副食といっても梅干しがあれば上等、沢庵とあらめ昆布程

霊験をもたらす修験道の法具

山上ヶ岳「西の覗き」

度だし、一リットル程度のお茶は夕方まで保たない。

峯筋には水の流れはない、運が良ければ孔雀の隠し水という秘水に出会う。大日如来の宝冠を表すという頭巾がにわかコップになってわずかの水を汲みのどを潤すが、所詮焼け石に水。空腹と乾き、足のマメは破れ、岩場での擦り傷は当たり前というものの、自身の非力や不甲斐なさをせめ、辛いことこの上ない。

この身を大日如来や不動尊に象りその徳を表すというが、なかなか教説通りにはいかない。いくら願っても仏は眼前に出てこない、ひたすら心中のお不動様、観音様、力を下さいと願いながらの行である。五日目、奥駈最後の高峰・釈迦岳の登りはそのような思いで四つん這いになってたどり着くのが新客の常である。二十人ほどが立てる三角点に等身大の釈迦銅像が登りついた私達を見ている。その眼が「よう来た、それでこそおまえ自身のほとけが力をくれたのだ……」と、慈悲深く語りかけ、何人かが感激と反省とそして無性に涙を流す。

そしてひたすら下りの四時間、最後の宿、前鬼山小仲坊に倒れ込む。三十年前そこで行者Hの思いを聞くことがあった。

「最初に体力を使いすぎて三日目、一日土砂降りの中、こけて滑ってくやし涙を流しながら、出ている木の根、岩に呪いの言葉をつぶやき、追い越して行く人に怨嗟《えんさ》の目を向け、まさに地獄だった。でも気がつくと常に自分の回りに誰かがいて腰を下ろすと黙って茶が差し出され、貴重な果物が手に乗せられる。三時間遅れても着くことができたのは数人の先達に助けられていたからだった。いつの間にか自分の荷物は誰かが担いでいて、山小屋に着いたら目の前に出てくる。地獄というのはそのように助けられていることに気がつかない自分の心が地獄だと気がついた。で、誰かというのが修験で教えられる菩薩なのかな」

Hはじめて参加した奥駈、それが有り難くて精進努力し、ついに峯中《ぶちゅう》最高即身成仏《そくしんじょうぶつ》の奥義、深仙《じんせん》灌頂《かんじょう》・葛城灌頂に入壇し、頭に金胎両部の五鈷杵と灌頂水をいただき、人が変わったようによき経営者として人望を集めてきた。

今年は「紀伊山地の霊場と参詣道」という名で奥駈道を含んだ熊野への道が世界遺産に登録された。それを記念して聖護院では江戸時代まで聖護院宮が修行した道を十三日かけて歩く。護摩の火に不動を観じて吉野蔵王堂で駈入《かけいり》護摩を修し全行程二百四十キロを歩いた十二日目に本宮の旧社地大斎原《おおゆのはら》の神域で神仏習合した満行《まんぎょう》の護摩を執行する。

修行の結果の霊験は、それぞれが心中に抱いている不動尊の利剣かも知れない。

（写真提供　聖護院）

法螺
ほうら

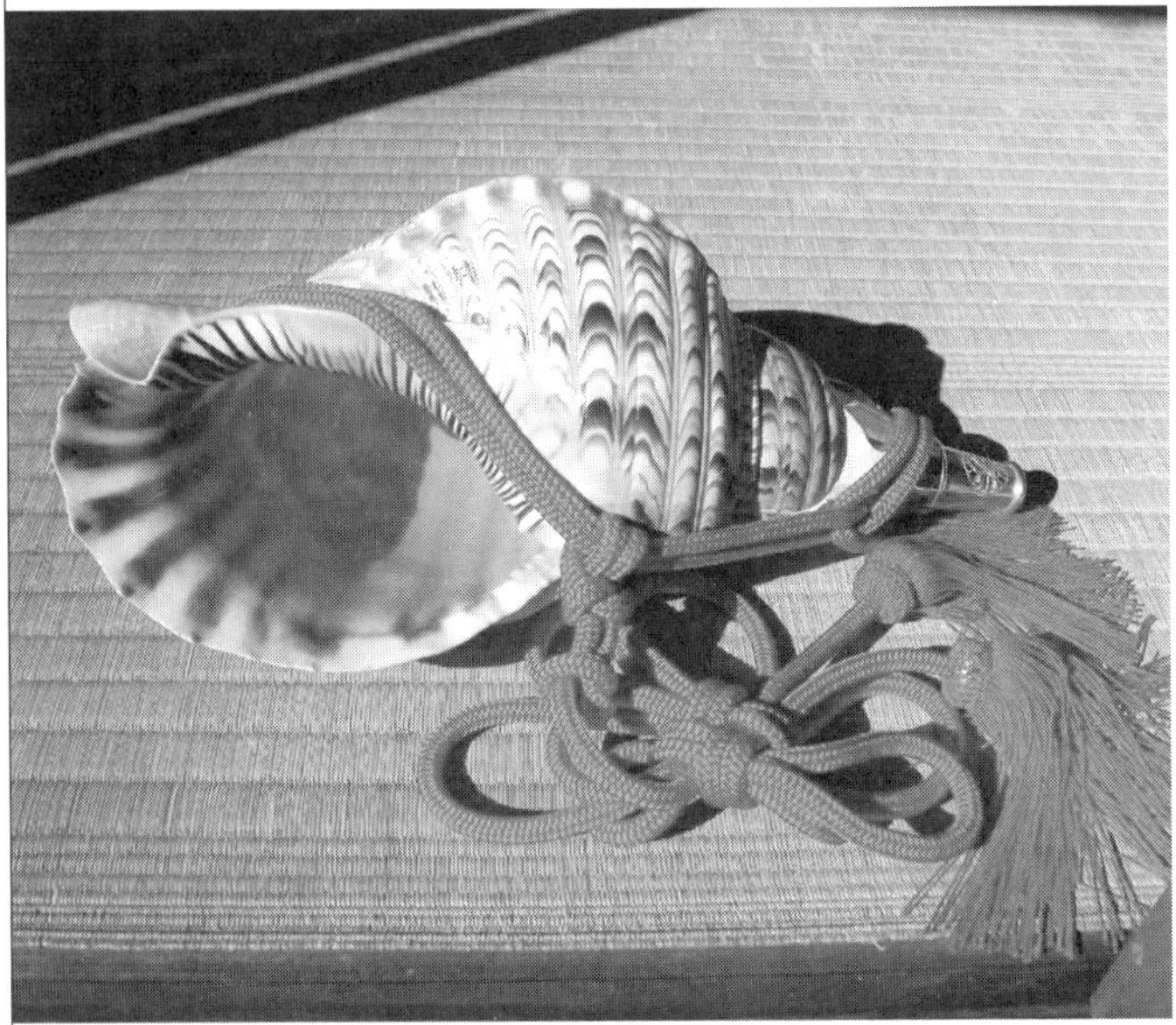

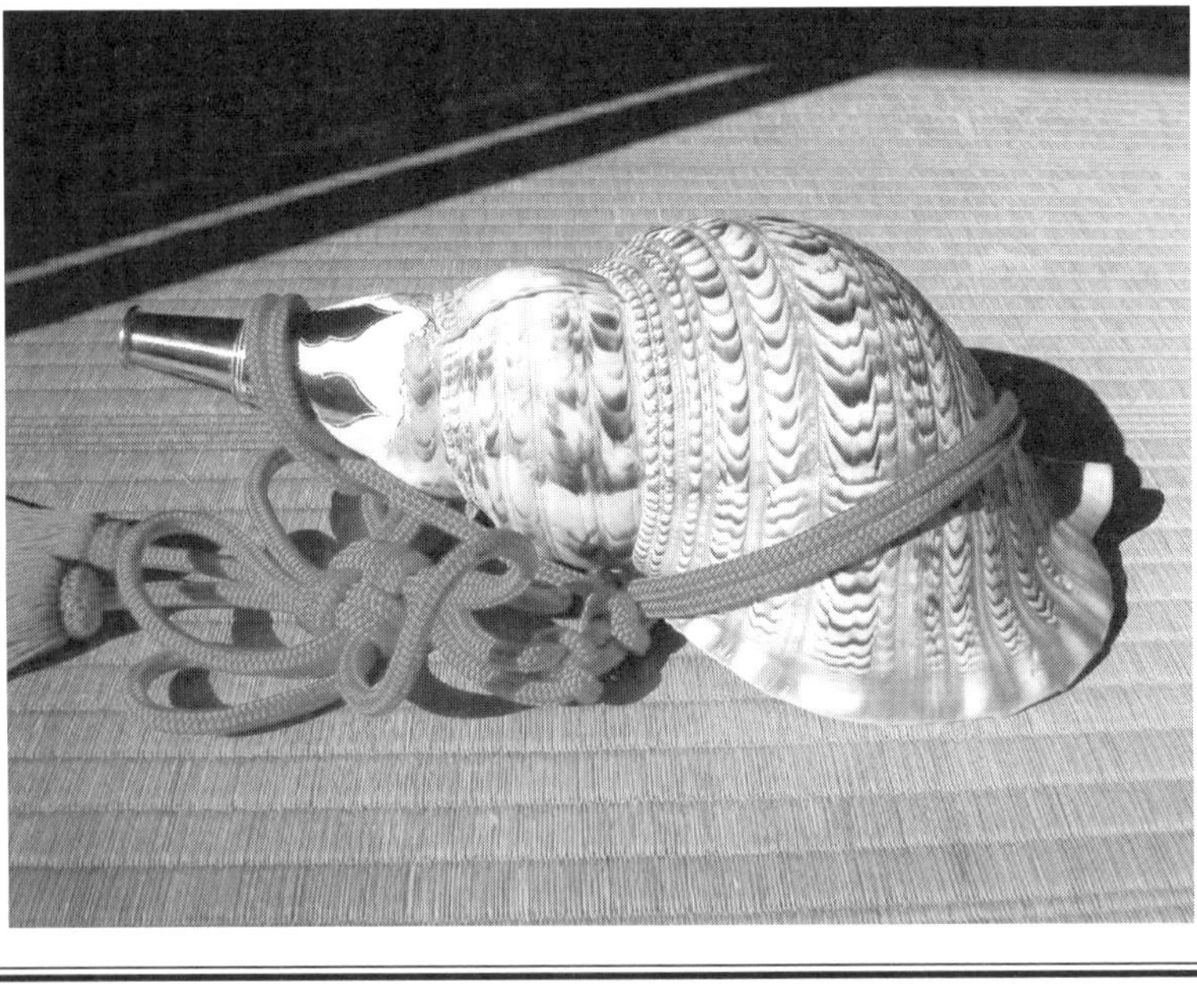

いらたかねんじゅ
最多角念珠

ゆいげさ
結袈裟

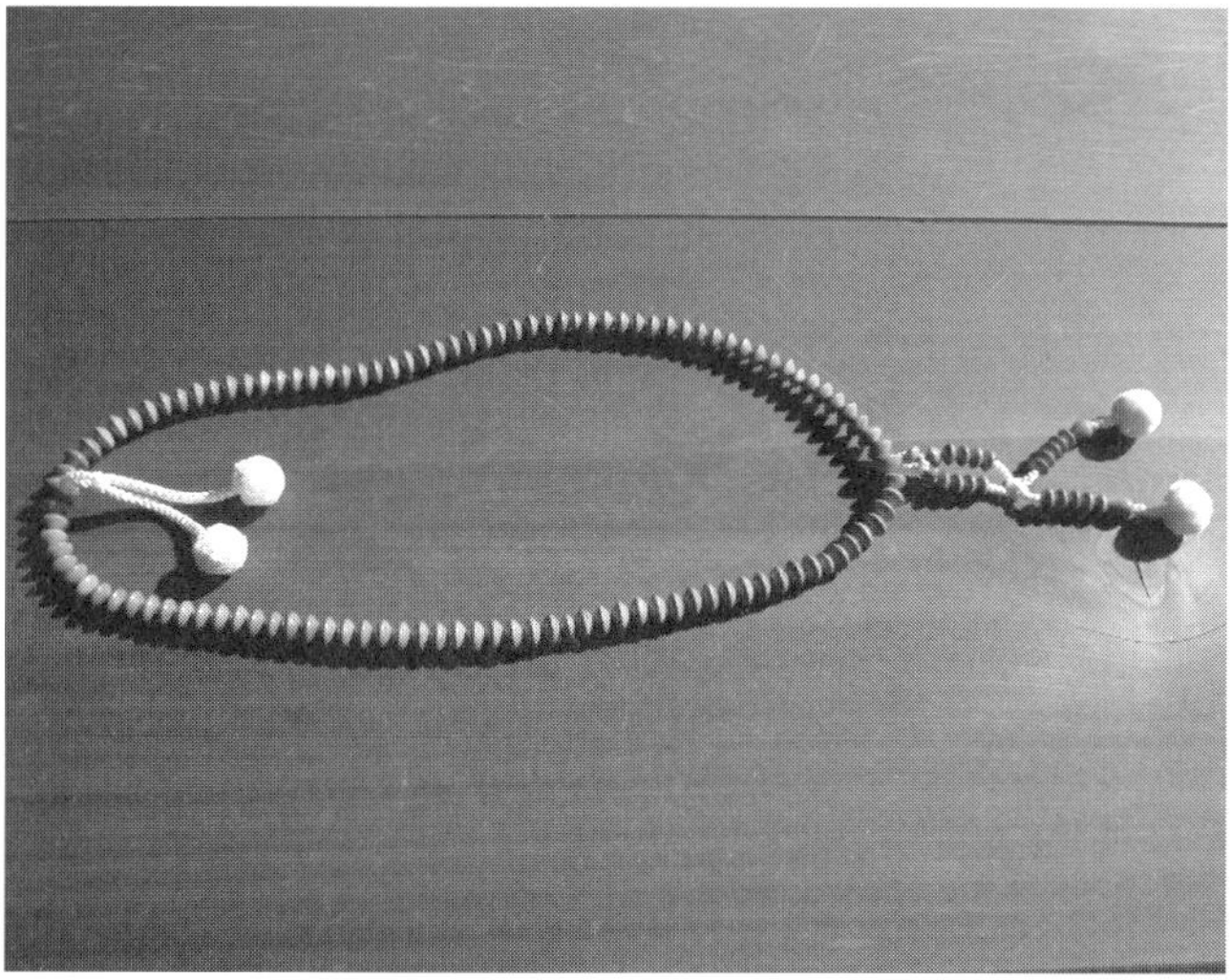

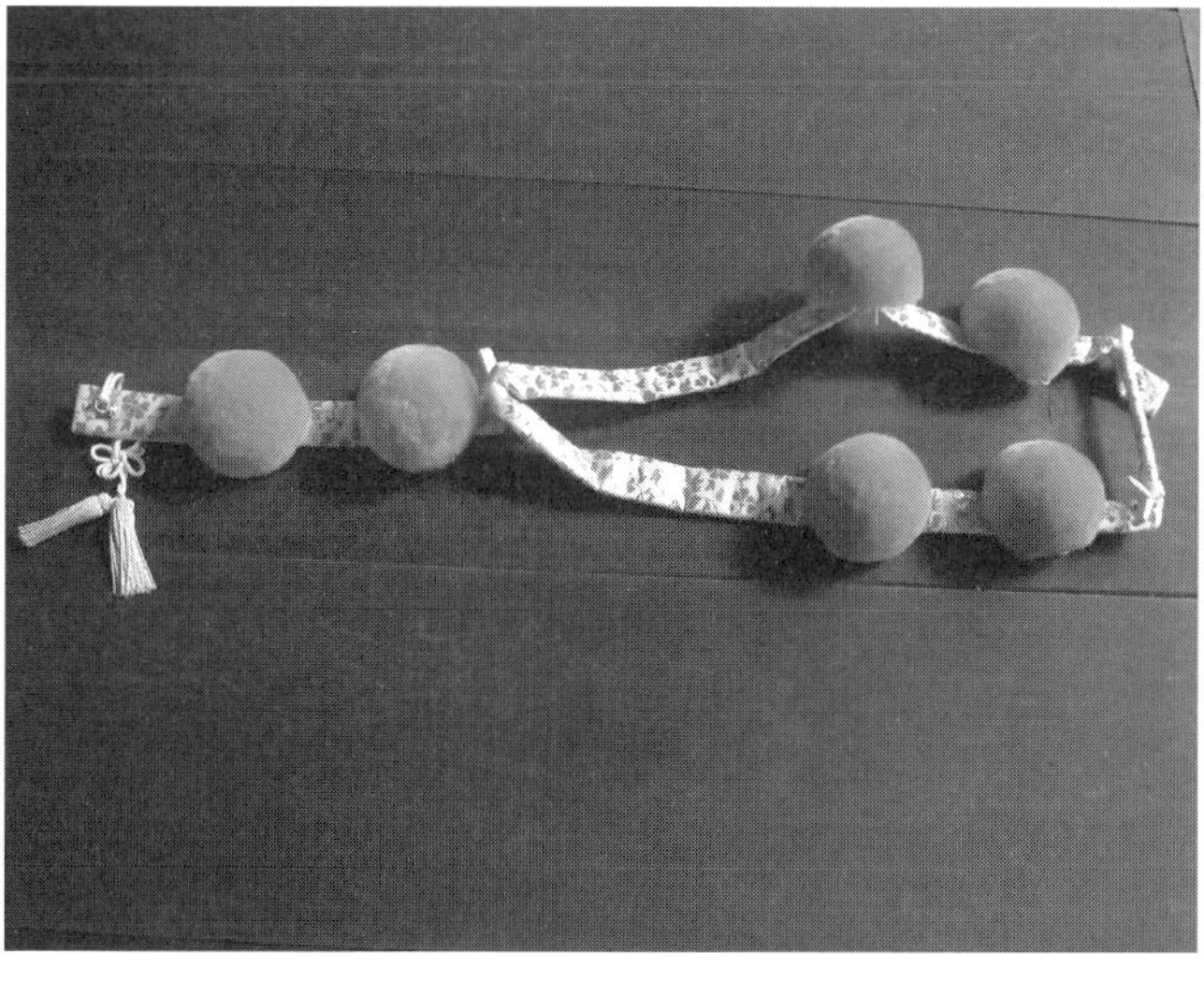

法剣《ほうけん》

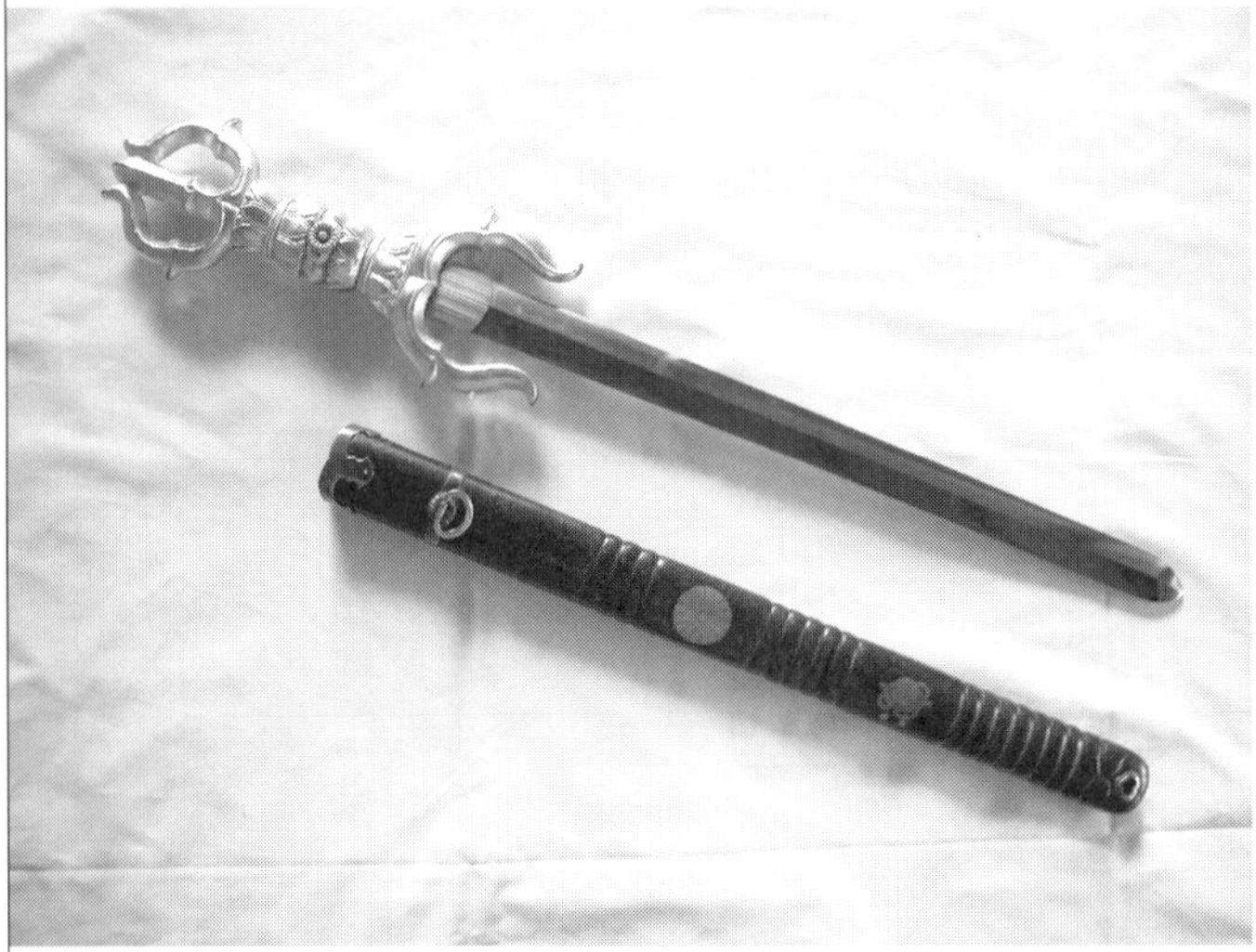

だいしゃくじょう

大錫杖

大錫杖頭

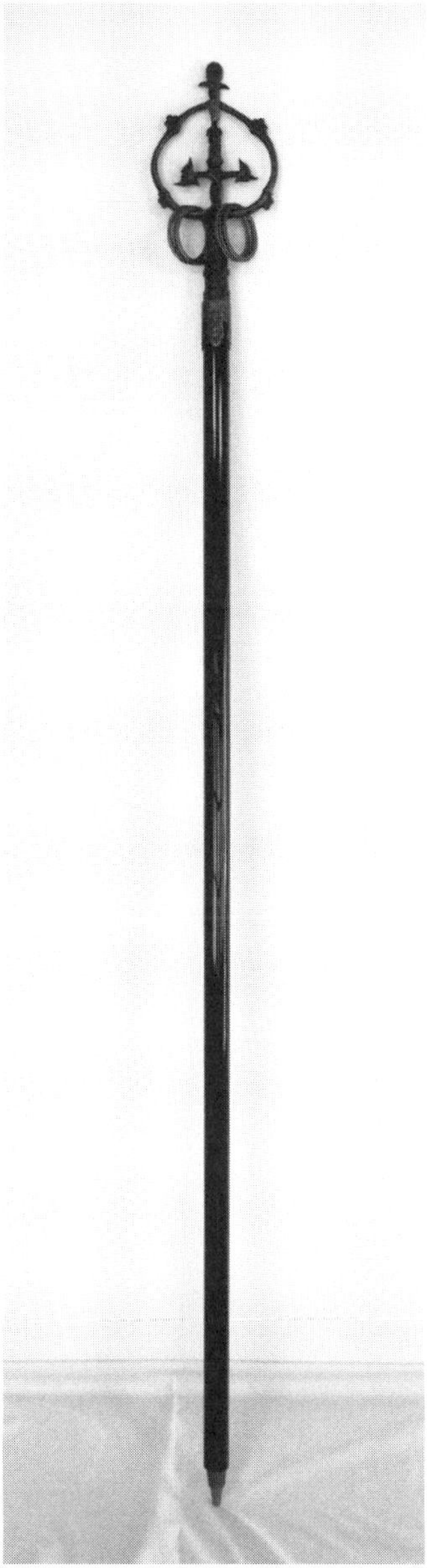

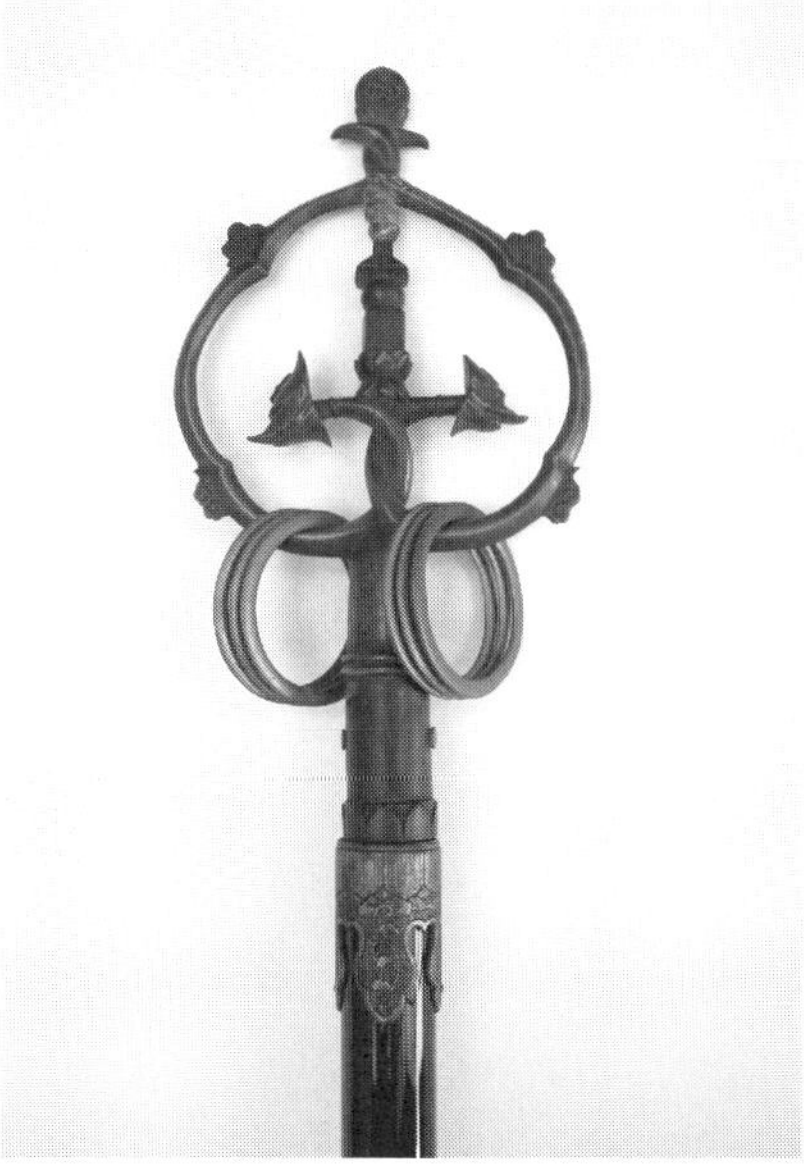

錫杖《しゃくじょう》

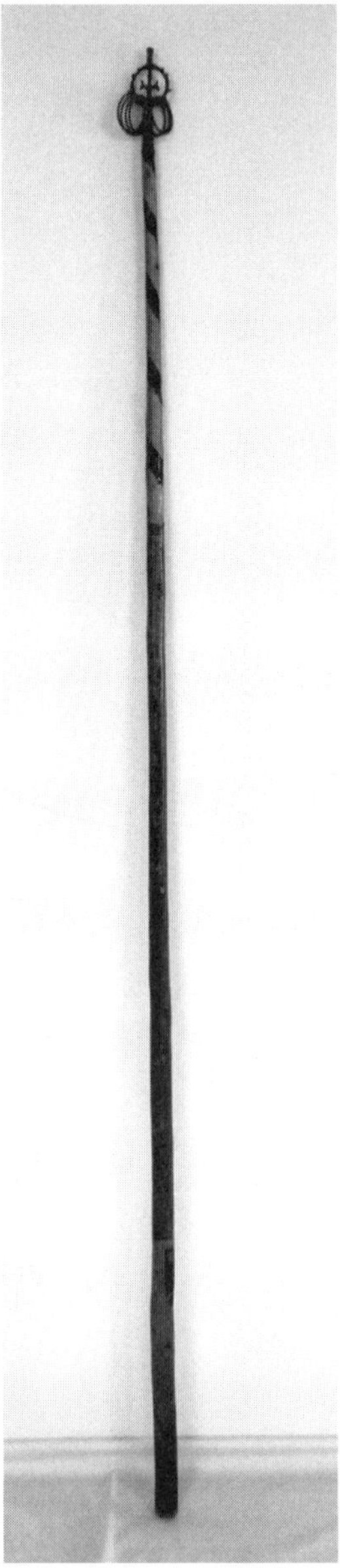

錫杖頭

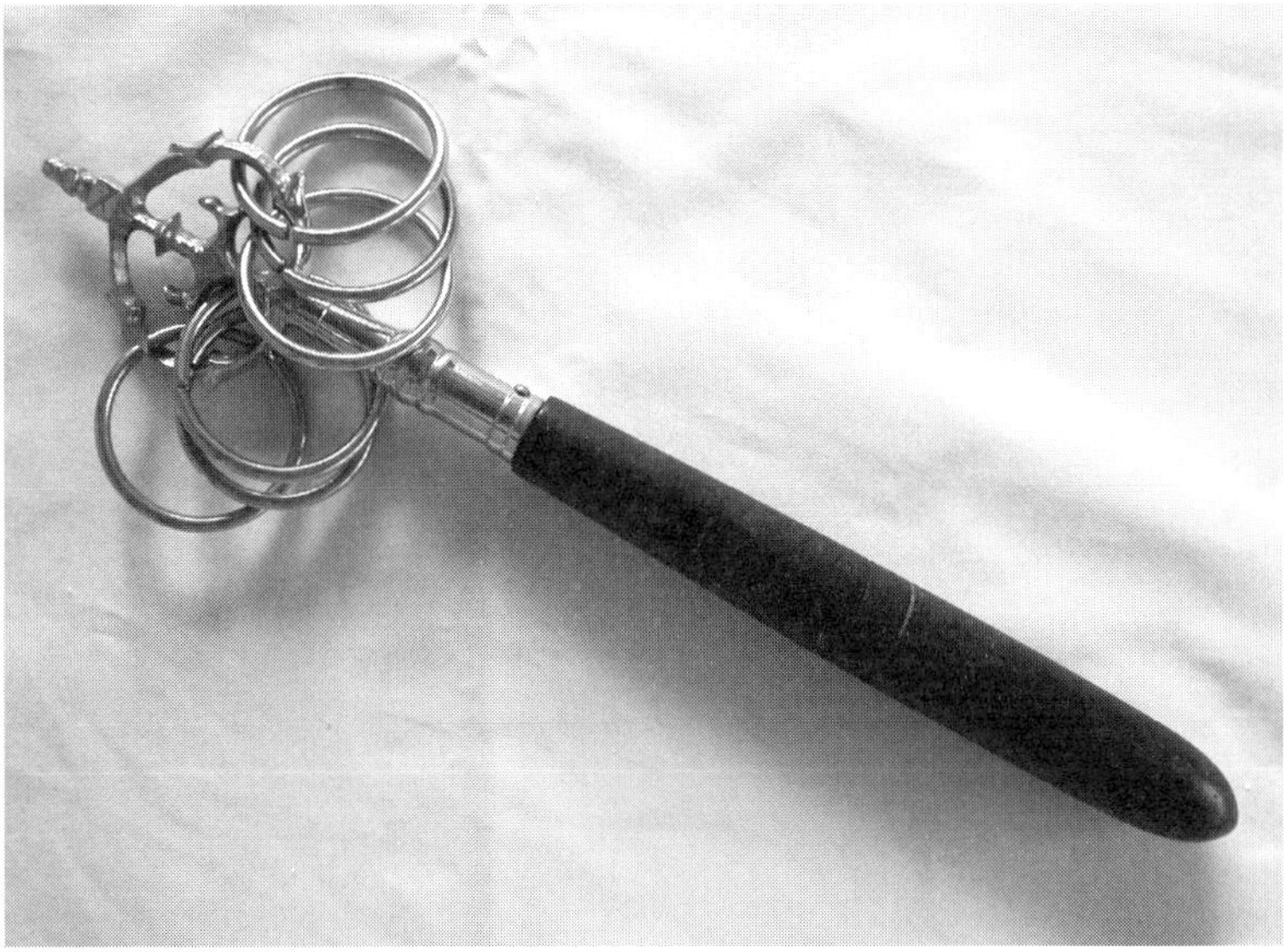

手錫杖

ひっしき
引敷

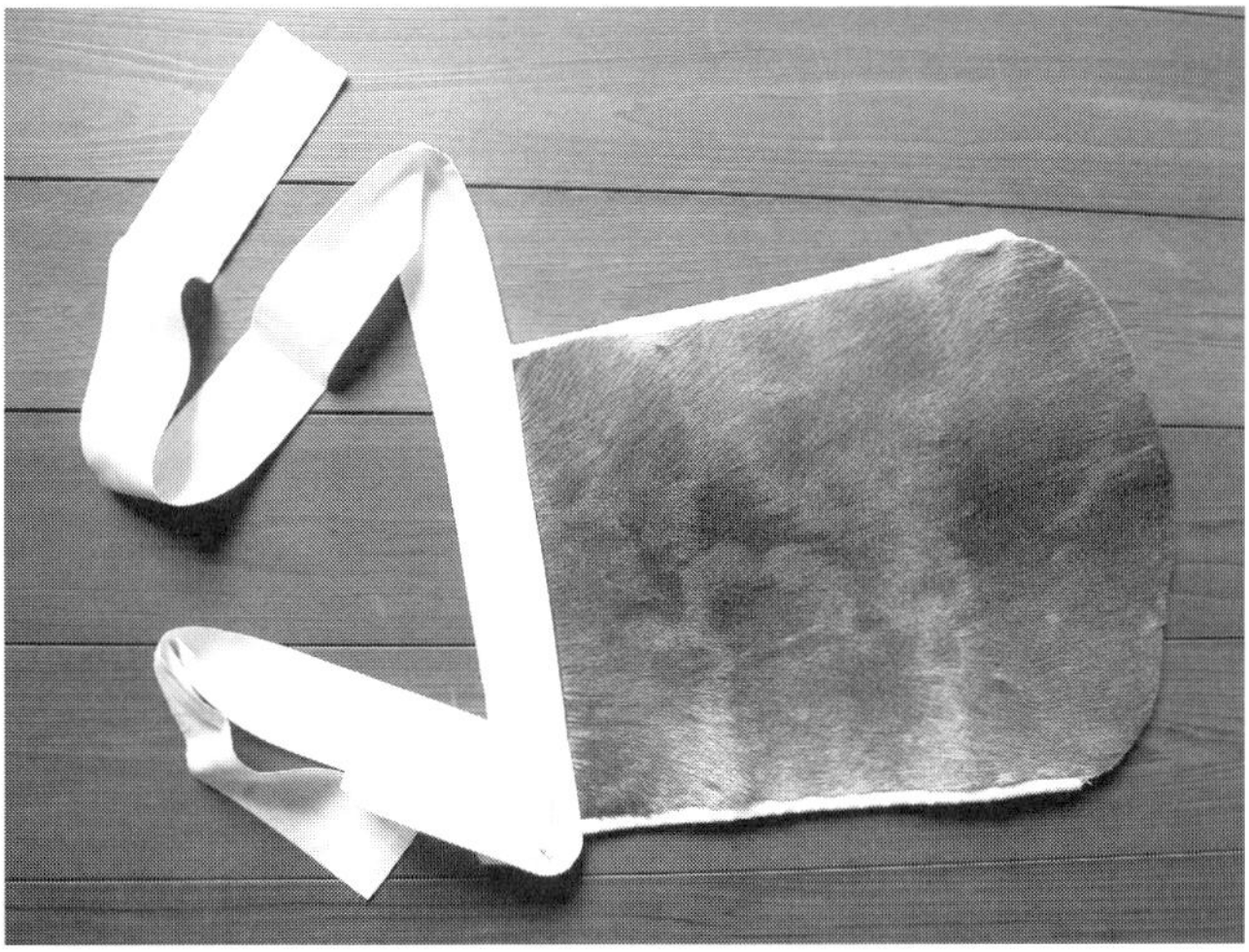

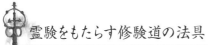

金剛杖《こんごうじょう》

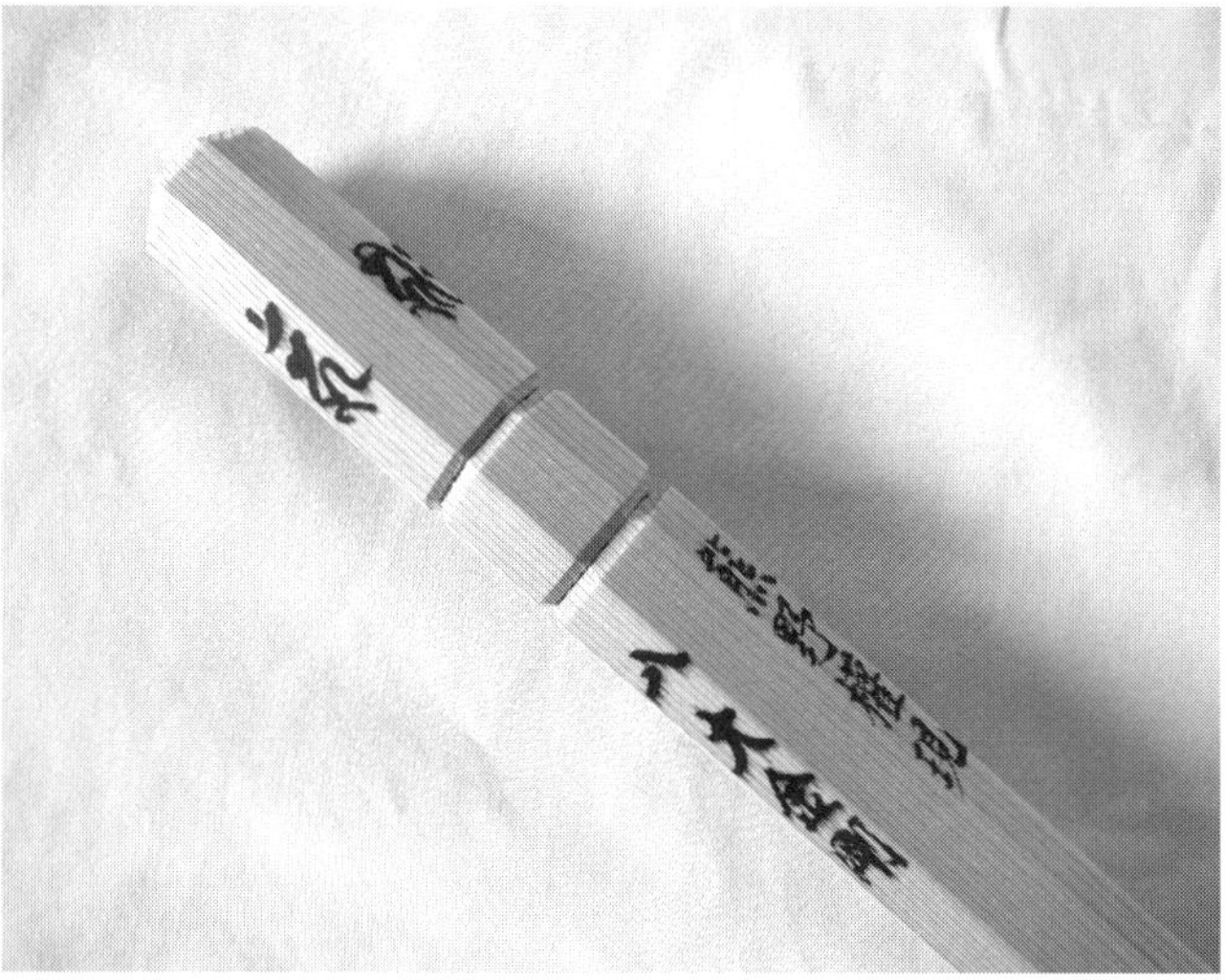

螺緒《かいのお》

すずかけ　鈴懸

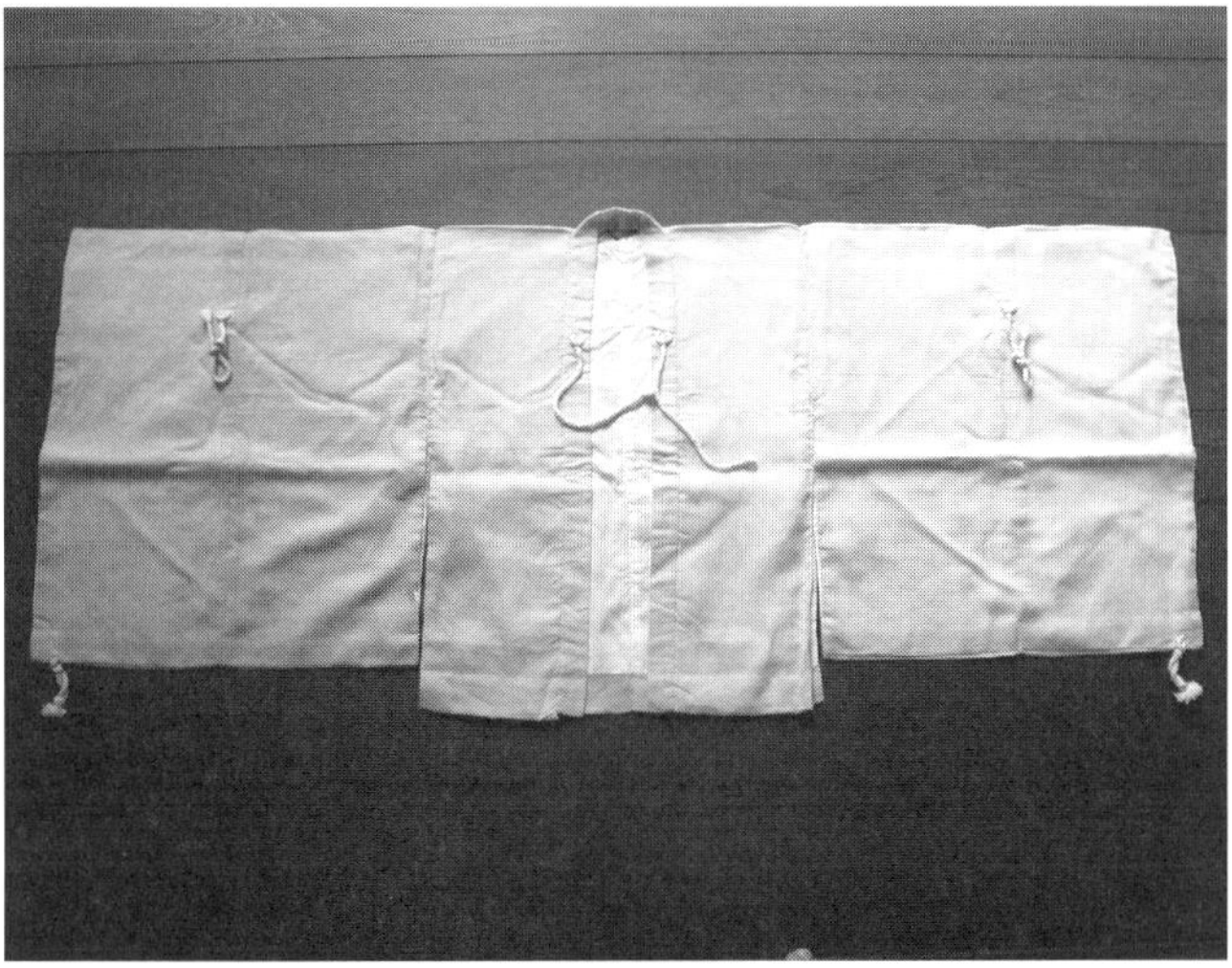

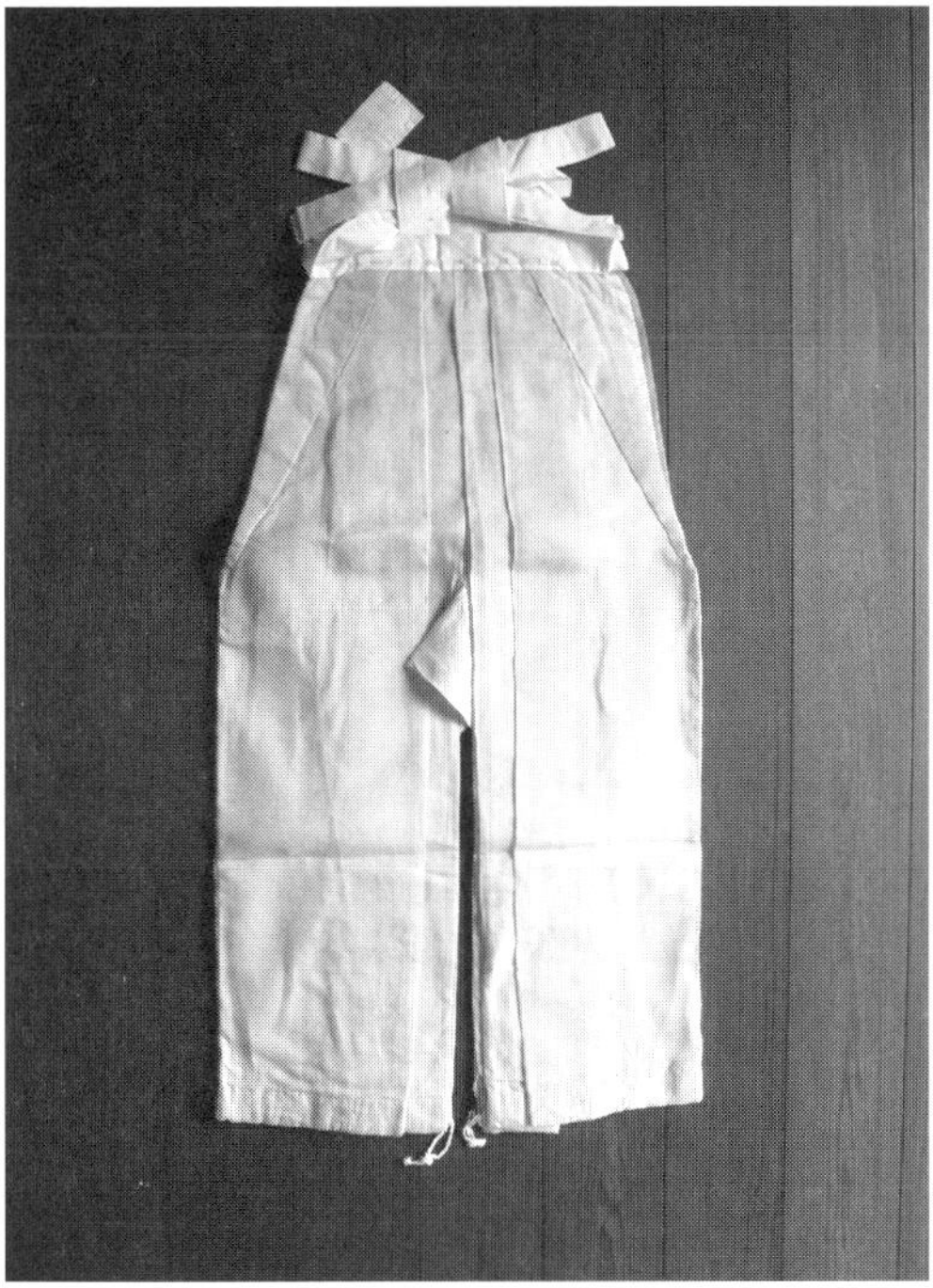

頭巾《ときん》

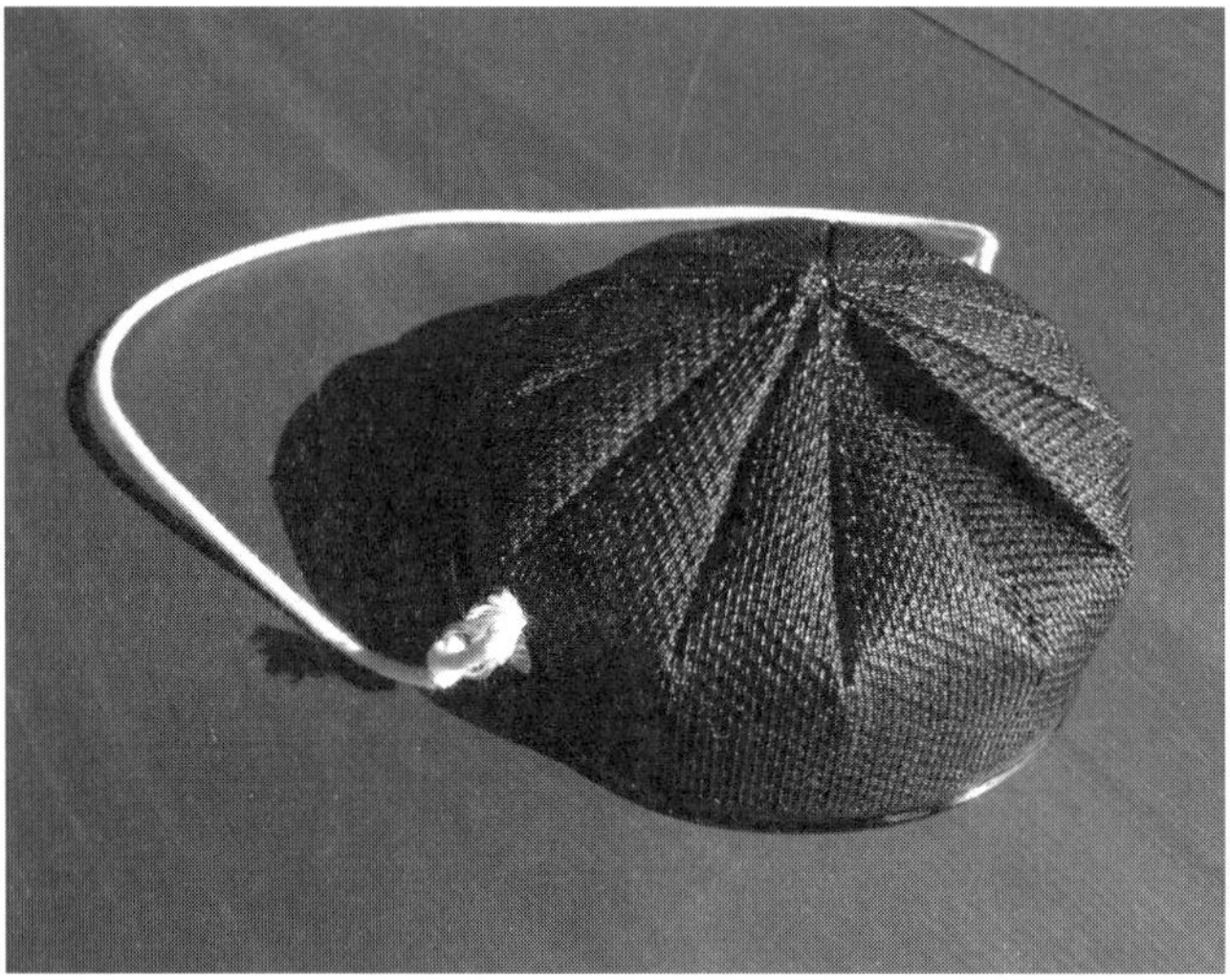

檜扇《ひおうぎ》

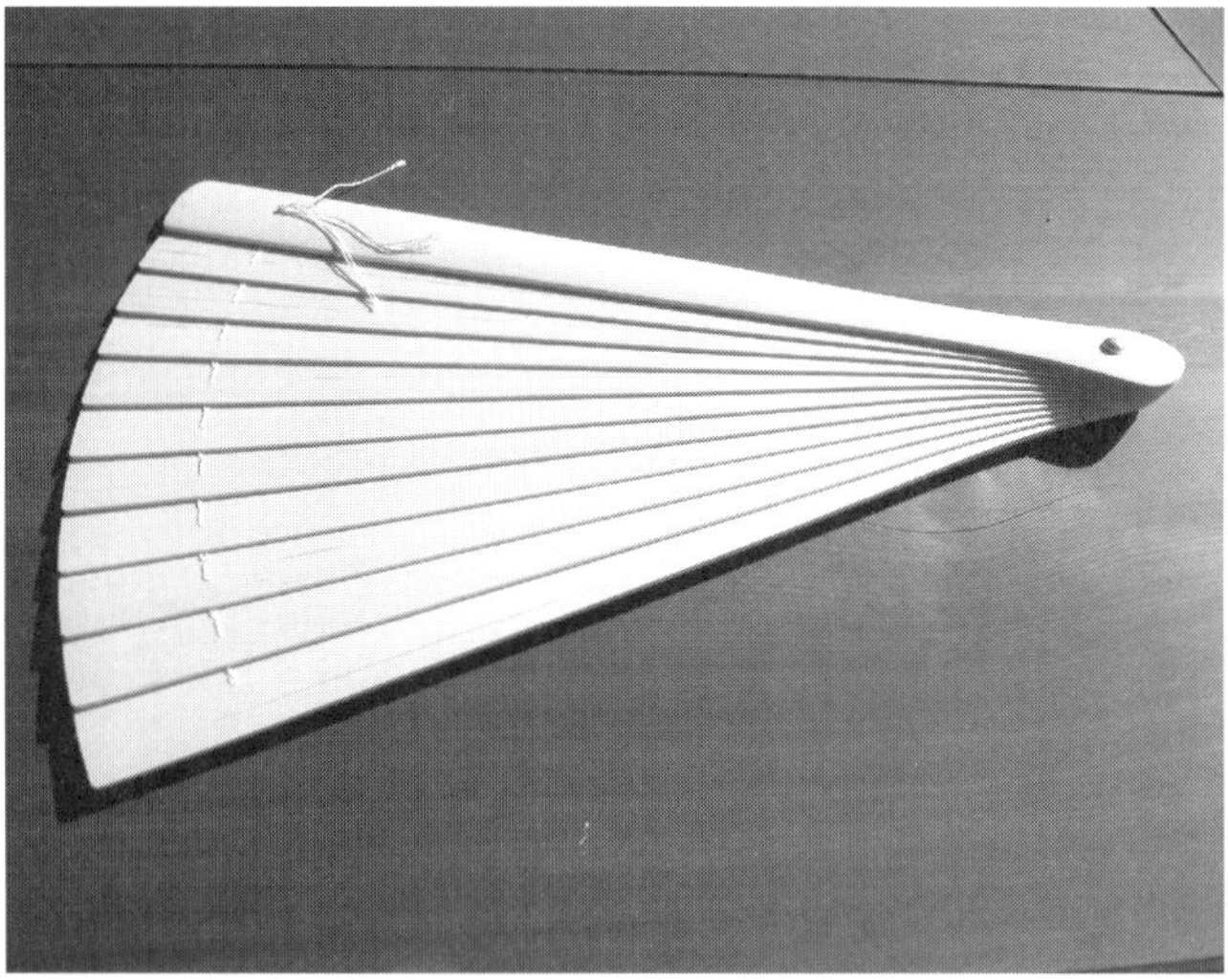

斑蓋《はんがい》

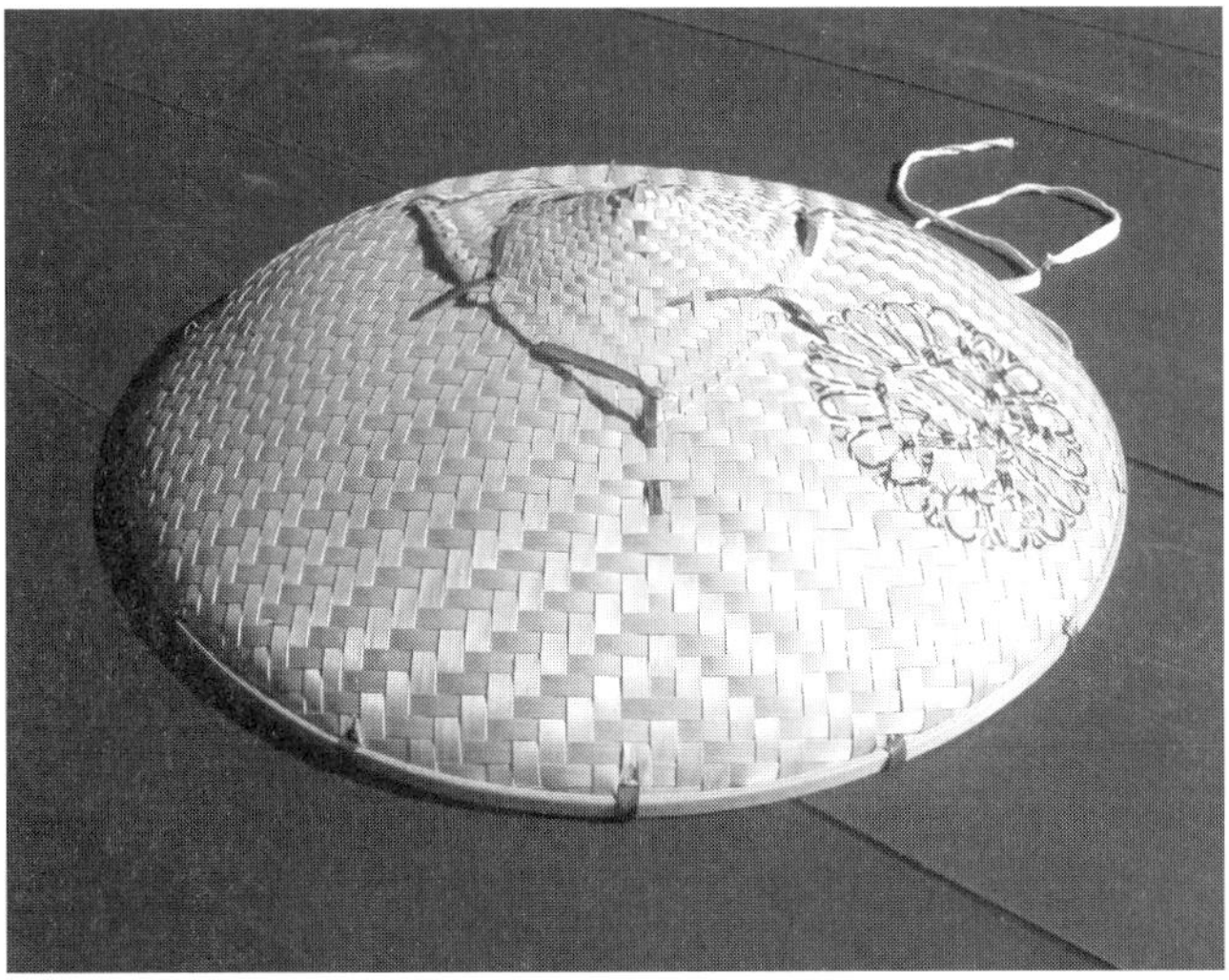

八つ目草鞋《やつめわらじ》

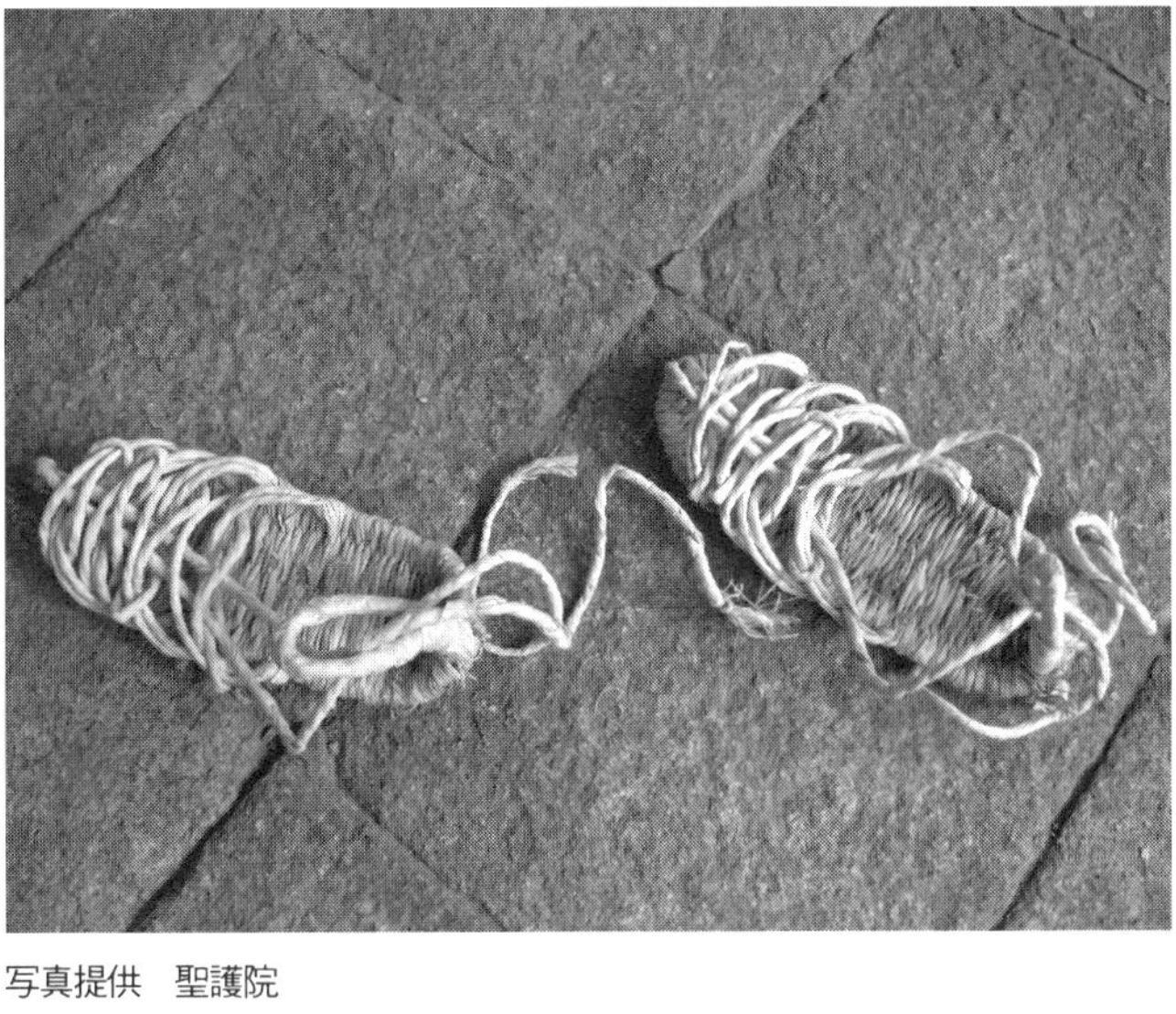

写真提供　聖護院

仏教法具

豊嶋泰國

◆密教法具《みっきょうほうぐ》

密教法具とは密教の修法を行なうために用いる特有の仏具のことである。

これらは中国経由で日本に伝わってきた。

天台宗《てんだいしゅう》の宗祖である最澄《さいちょう》、真言宗《しんごんしゅう》の宗祖である空海《くうかい》、そのほか真言系の常暁《じょうぎょう》、円行《えんぎょう》、天台系の円《えん》仁《にん》、円珍《えんちん》、東密《とうみつ》系の恵運《えうん》、宗叡《しゅうえい》によって日本に請来《しょうらい》されたのである。この八人のことを入唐八家《にっとうはっけ》という。

これら入唐八家によって請来された密教法具は、全員が同じものをもってきたわけではなく、それぞれによって異なっている。それが後に、各宗派の中で整合性が重視されるようになり、まとめられていったのである。

こんごうしょ　金剛杵

密教法具のなかで最も重要なものに、金剛杵がある。

もともとはインドの武器で、仏教以前の神インドラの所有物であった。インドラは雷の神で仏教では帝釈天《たいしゃくてん》として知られる。金剛杵を執り常に釈迦を守る神を執金剛神《しゅこんごうじん》と称している。金剛杵は密教に取り入れられ、煩悩《ぼんのう》を破砕《はさい》し、菩提心《ぼだいしん》（仏性《ぶっしょう》）をあらわす金属製の法具となった。形は細長く手に握れるほどの大きさで、中程がくびれて両端は太く、鈷《こ》と呼ばれる鋭い刃をつけている。要するに杵《きね》の形に似ているのである。金剛杵の金剛はダイヤモンドを意味している。ダイヤモンドのことを金剛石というように、堅固・堅牢、すなわちどんなものによっても破壊されない仏性というものを示している。金剛杵の古い物は武器としての実用性を備えている。相手を叩いたり、刃で相手を傷つけたりして殺傷する道具であった。後代になるにつれて徐々に実用性を失い、形態よりも意味性を重視し象徴的になっていったのである。

両端がとがって分かれていないものを独鈷杵《とっこしょ》、あるいは独鈷ともいう。独鈷は武器としての基本形を示している。独鈷杵の両端に二本の鈷をつけ、三叉《さんさ》になったものを三鈷《さんこ》（三鈷杵）、独鈷杵の四方に脇《わき》鈷《こ》をつけたもの、これは三鈷に二つが脇鈷をつけたともいえるのであるが、その脇鈷が五つついたものを五鈷《ごこ》（五鈷杵）という。

このように両端の鈷の数や形によって独鈷杵、三鈷杵、五鈷杵、九鈷杵などに分けられる。また、塔や宝珠《ほうじゅ》などをつけたものもあり、それぞれ宝珠杵、塔杵という。また九頭竜杵《くずりゅうしょ》というものもある。

『蘇婆呼童子経』《そばこどうじきょう》によると、金剛杵は金、銀、銅、鉄、石、水晶、白檀《びゃくだん》、紫檀《したん》などで作るとある。

金剛杵は、密教では修法《しゅほう》に用いるものである。

東密（真言宗）の二大法流として広沢流《ひろさわりゅう》と小野《おの》流があるが、広沢流では護摩《ごま》修法の時に独鈷を用い、小野流では三鈷杵を用いるのが基本である。

『蘇悉地経』《そしつじきょう》によると、護摩や念誦《ねんじゅ》の時に三鈷杵を左手にとれば、よく諸事を成就する。また三鈷杵を所持すれば、仏教の外敵、例えば悪事をはたらく夜叉《やしゃ》である毘那夜迦《びなやか》にも襲われないと説かれている。この毘那夜迦は後に仏陀《ぶつだ》に認められて、聖天《しょうてん》になった。

金剛杵のなかでもっとも重視され、数も多く作られたのが五鈷杵である。このことは入唐八家がみな五鈷杵を請来していることからも明らかである。五鈷杵は、把《は》＝把手の中央に鬼目《きもく》とよばれる突起状の半円の模様を四個つけているものが多い。

歴史的にみれば、独鈷・三鈷・五鈷杵は古いが、宝珠・塔杵は新しい。九鈷杵や九頭竜杵はチベット密教の杵の影響を受け、中国の宋、元代に多く使われている。九という数字は陽数として最大であるから、金剛杵中〝最強〟という考え方もできよう。

戦勝祈願や怨敵調伏などを目的とした大威徳明王法《だいいとくみょうおうほう》を修する時にやはり九鈷杵を使用するといわれているが、この修法は公開されないので、はっきりしたことはわからない。公開するとしても、衣の下で見えないようにして行なう。五鈷杵で代用する場合もあるというが、本来は九鈷杵を用いてやるらしい。

公開してやる場合には、行者がよほどしっかりしていないと集中してできない。意志が堅固で集中力のある行者でなければ無理である。失敗した場合には自分自身が危なくなる。見てる方にもとばっちりがくる。修法の場合、漫然と見ているわけにいかないのである。

印までとはいかなくても真言を唱えるとか、そのくらいの覚悟で見ないといけないと、ある大阿闍梨《だいあじゃり》からいわれたことがある。これは大威徳明王法に限らずいえると思う。

祈禱時に、たとえその場所にいなくても、その時間に合わせて本尊の真言を唱えるとか、仏壇の前に座って経典を静かに唱えているというのが、修法をかなえやすくするコツといえる。これは秘伝の一つでもある。

さて、なかには割《わり》五鈷杵という変わったものもある。これは五鈷杵を縦割りにして一方を三鈷、もう一方を二鈷にしたもので、この二つの杵を互い違いに、前後逆に組み合わせて着脱可能の五鈷杵の形にしている。

この割五鈷杵は人形《にんぎょう》杵、二方《にほう》五鈷杵ともいわれるが、愛染明王《あいぜんみょうおう》を本尊とする敬愛法《けいあいほう》などで用いられることが多い。室町時代にかなり流行した真言立川流《しんごんたちかわりゅう》との関係が深いともいわれる。これは邪教立川流ともいわれて指弾を受けた流派である。この流派が集中的に割五鈷杵を使っていた。すなわち、二股に別れている方を陰、三ツ股を陽として、それを男女の和合に見立てたのである。

聖天の修法でも割五鈷杵を使っている人もいる。これは普通の聖天法ではどうにもならない、まだもう一歩足りないという場合に使うようだ。そうすると不可能と思われていたような恋愛でも実現するといわれている。

五鈷杵にはこのほか、後七日《ごしちにち》の御修法《みしほ》の時に玉体加持《ぎょくたいかじ》を行なうための請来形五鈷杵がある。この五鈷杵は密教法具の王者と称されている。後七日の御修法とは、毎年一月八日から十四日まで京都・東寺《とうじ》で行なわれる真言宗最大の行事で、最終日に限って一般にも公開されている。江戸時代までは玉体、すなわち天皇に対して修法をしていたのだが、現在は天皇が着用する着物に加持をしている。

廃仏毀釈により明治維新以後、現在のかたちになったが、皇室も仏教との縁を大事にしている。では天皇の宗派は何かというと真言宗である。京都の御寺《みてら》すなわち泉涌寺《せんにゅうじ》は、皇室の菩提所になっている。

宝珠杵《ほうじゅしょ》は金剛杵の両端を宝珠の形にしたものである。宝珠は悪を除き、濁水を澄ませる徳があるとされる。ただし入唐八家はこれを請来していないので、入唐八家以降に成立したものである。

塔杵《とうしょ》は塔婆杵《とうばしょ》ともいう。これは金剛杵の両端に塔形をつけたもので、供養のために用いるという。やはり入唐八家が請来した記録がないので、後世のものである。


ちなみに金剛杵のうち独鈷杵、三鈷杵、五鈷杵、宝珠杵、塔杵の五種類を一組として揃えたものを五《ご》種杵《しゅしょ》という。これは密教の五部《ごぶ》とか五智《ごち》などに対応させてつくられたものである。五種杵は五種鈴《ごしゅれい》と組み合わせて密教大壇《だいだん》の上に配置する。大壇では塔杵を中央に置き、独鈷杵を西、三鈷杵を北、五鈷杵を東、宝珠杵を南に安置するのが通例である。

仏教法具

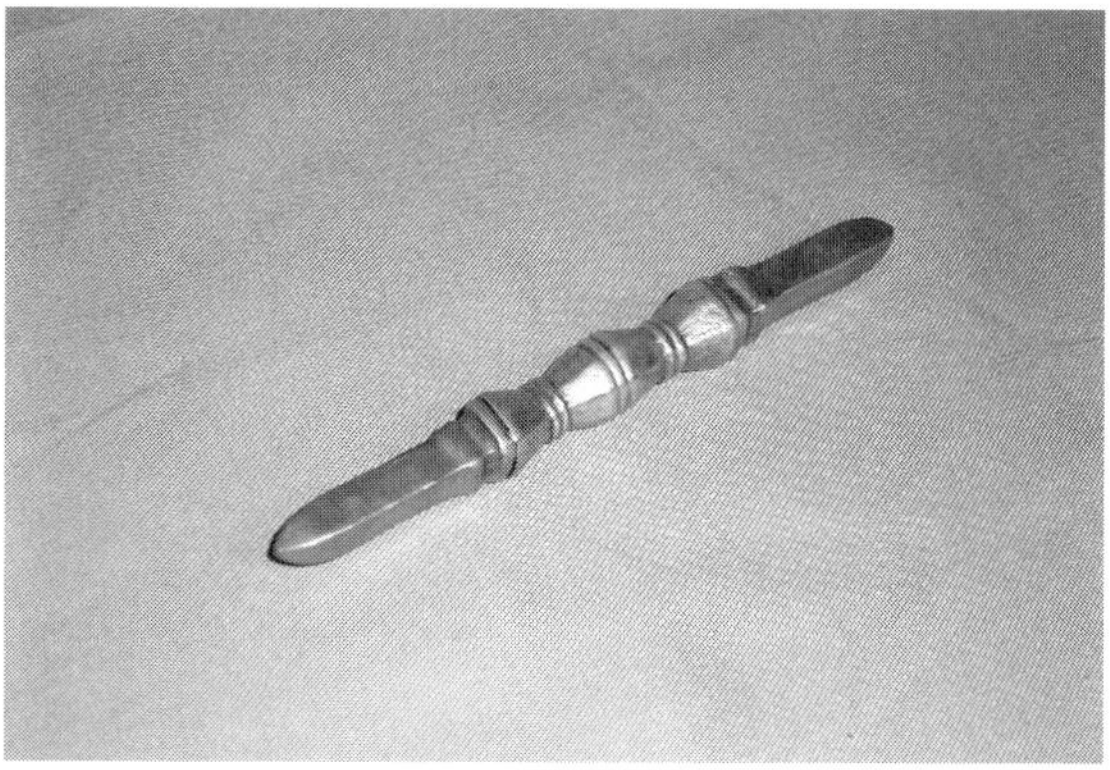

独鈷杵

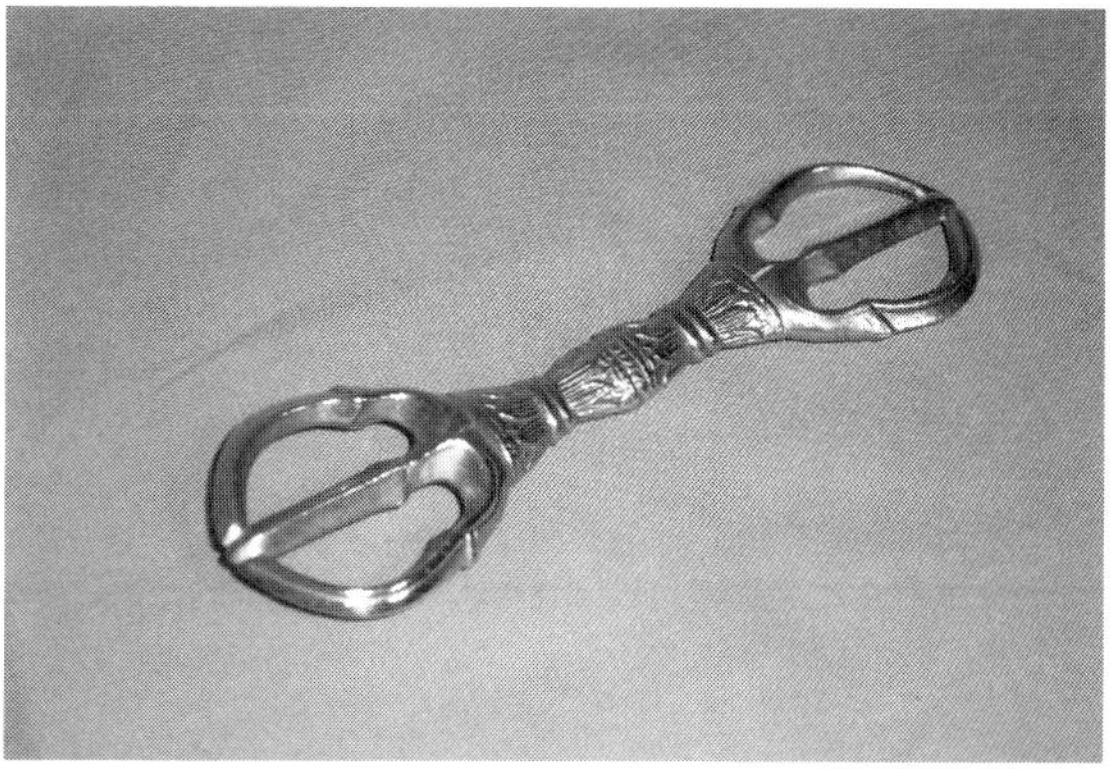

三鈷杵

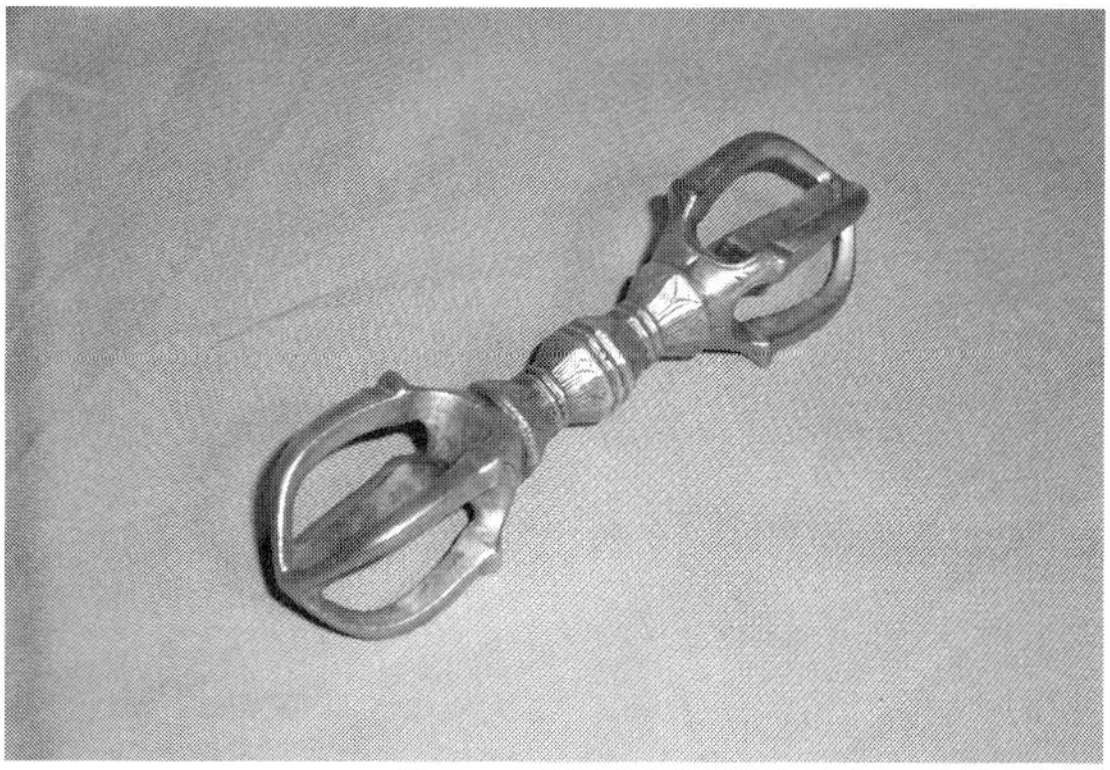

五鈷杵（以上、金翅鳥院蔵）

金剛鈴《こんごうれい》

簡単にいうと、密教の振鈴のことである。密教修法をおこなう際に、これを鳴らして仏心《ぶっしん》を呼びさます驚覚《きょうかく》のためや、仏を歓喜させるための法具である。鈴《れい》の柄に金剛杵をつけているので、金剛鈴という。柄の形により独鈷鈴・三鈷鈴・五鈷鈴・九鈷鈴、宝珠鈴・塔鈴などがある。五鈷鈴は空海が請来したといわれているので空海請来鈴（東寺）と呼ばれるものをはじめ作例が多い。独鈷鈴・三鈷鈴、宝珠鈴・塔鈴は和歌山の那智大滝の近くにある那智経塚《なちきょうづか》（平安時代後期）が初出である。九鈷鈴も九鈷杵とともに宋代に多いとされている。

聖地巡礼のお遍路《へんろ》が手に持つのもこの金剛鈴である。独鈷鈴は鈴の上に独鈷杵形の柄をつけたもので、三鈷鈴は鈴の上に三鈷杵形の柄をつけたものである。五鈷鈴は振鈴の中でもっとも重視されており、種類、量とも一番多い。

金剛鈴には鈴身（鈴の側面）に紐飾りだけの素文鈴《そもんれい》と、五大明王や四天王などの仏像をあらわした仏像鈴がある。

このほか鈴の側面に三昧耶形《さんまやぎょう》を鋳出した金剛鈴がある。三昧耶形とは仏像の持ち物などの姿を借りて仏菩薩《ぶつぼさつ》の徳を象徴的に表現したものである。

そのほかに鈴身に種字《しゅじ》をめぐらした種字鈴がある。日本では種字鈴がもっとも発展したともいわれている。種字鈴には金剛界鈴と胎蔵界鈴の二種に大別される。金剛界鈴は（大日如来《だいにちにょらい》）、（阿閦《あしゅく》如来《にょらい》・東）、（宝生如来《ほうしょうにょらい》・南）、（阿弥陀如来《あみだにょらい》・西）、（不空成就如来《ふくうじょうじゅにょらい》・北）の種字を右回りに巡らす。胎蔵界鈴は鈴の四面に大日如来以外の胎蔵界の四仏である（宝幢《ほうどう》如来・東）、（開敷華《かいふけ》

王如来《おうにょらい》・南）、（無量寿如来《むりょうじゅにょらい》・西）、（天鼓雷音如来《てんくらいおんにょらい》・北）の種字をあらわす。

九鈷鈴は九鈷杵形の柄をつけた鈴で、大威徳明王法を修する際に使用する。

五種鈴は独鈷鈴、三鈷鈴、五鈷鈴、宝珠鈴、塔鈴の五種をいい、やはり大壇の上に安置する。塔鈴を中心に五鈷鈴（東）、宝珠鈴（西）、独鈷鈴（南）、三鈷鈴（北）の順番に並べる。

五鈷鈴（聖護院蔵）

金剛盤《こんごうばん》

これは大壇上に荘厳《しょうごん》する修法用具の一つである。具体的には金剛杵と金剛鈴を安置する台で、縁の

金剛盤（以上、金翅鳥院蔵）

ある三角様の盤に三脚がついている。内部をくぼませ、盤面に輪宝《りんぼう》や金剛杵などを毛彫りするものは空海請来型とされる。盤面が素文式のものや鈴座つきのものもある。金剛盤の形式は普通行法肝葉鈔に基づいており、すなわち「古来、金剛盤は肉団《にくだん》の形なり、三角は心形《しんぎょう》なり」とある。

金錍《こんぺい》

金篦とも。金籌《きんちゅう》、小金剛杵子《しょうこんごうしょし》ともいい、独鈷杵の鈷の先端に宝珠形をつけたものである。もともと古代インドの医療器具で眼科医が眼病患者の眼膜を取り除いたり薬を塗るのに用いた。これを密教で法具として採り入れ、衆生《しゅじょう》の無知の膜を取り除き、仏眼《ぶつげん》を開かせるという意味を持たせている。阿闍梨《あじゃり》が灌頂《かんじょう》の際に受者の両眼を加持したり、仏像の開眼供養《かいげんくよう》の時などにも用いる。『大日経疏《だいにちきょうしょ》』第九によると、この法具を使用すれば諸法の実相《じっそう》は明らかになると説かれている。また下手な医者がこれを使えば、眼を治すどころかかえって傷つけてしまうけれども、如来《にょらい》が方便《ほうべん》を具足《ぐそく》してよくこれを用いればそのようにはならないなどとも説かれている。

これには両珠《りょうじゅ》金錍と片珠《かたじゅ》金錍の二種類がある。両珠金錍は一本で両眼を加持する。片珠金錍は二本でそれぞれ片目を加持して使うことになっている。つまり両珠金錍では両端に宝珠状のものがついている。片珠金錍には文字からも明らかなように片方にしかついていない。独鈷の部分は八角式のものと四角式のものがあり、独鈷の中央は鬼目を施している場合が多いようである。

輪宝《りんぼう》

梵語ではチャクラといい、チベット密教でよく使われる言葉なのでなじみがあるかもしれない。もともとはこれを投擲し、回転する刃によって相手を殺傷する恐るべき武器であった。輪宝の基本形は刃を備えた車輪をかたどったものである。

このように、昔は武器として使われていた。しかし仏教では仏の説法のシンボルとなり、『長阿含経《じょうあごんきょう》』によれば、古代インドの理想的国王で正義をもって世界を治めるという転輪聖王《てんりんじょうおう》（転輪王）が持っている七宝の一つでもあるといわれている。

その『長阿含経』によれば、転輪聖王が遠征に際して、輪宝の進展にしたがって行くと、四方の諸国がみな帰服したという。仏教には「転法輪《てんぽうりん》」という語があるが、これも輪宝に由来している。輪宝が敵を破るように仏の説法が旧来の迷信などの悪説や妄説を論破するという意味が込められている。

密教においては煩悩を打ち破る法具として重視され、また無上の法の象徴として使用される。つまり摧破のためにも鎮護のためにも用いられる。修法に際しては大壇《だいだん》の中央に置かれることが多い。

輪宝は阿闍梨の位を許すための秘密儀式である伝法灌頂《でんぽうかんじょう》の時にも用いられる。「帰命《きみょう》」を意味する吽《うん》字で加持した輪宝を受者に授けて、両足の間に挟ませて、千輻輪相《せんぷくりんそう》（仏の印として三十二相あり、その相の一つ。仏の足の裏にある千の幅をもつ車輪のような模様）の具備になぞらえるのである。

輪宝の種類としては四種類ある。八鋒《はっぽう》輪宝（八輻《はっぷく》輪宝）、八角《はっかく》輪宝、三鈷輪宝、それに八鋒輪宝と八角輪宝の折衷形（八鋒八角折衷式輪宝）である。このうち、八鋒輪宝が基本である。三鈷輪宝は他の輪宝とは異なり、大壇の上に安置されるのではなく、地鎮《じちん》用として埋納されるための法具である。三鈷輪宝の置き方は東密と台密によって違いがある。大雑把にいうと、東密では大壇の四隅に立てる橛《けつ》上に三鈷輪宝を乗せるような形態を取るのに対して、台密ではまず三鈷輪宝をいちばん下に安置し、その中心の穴に橛を立てるのである。

なお、輪宝は、蓮華座を表現した輪台の上に安置されるのが通例である。

輪宝（金翅鳥院蔵）

かつま　羯磨

羯磨は羯磨金剛《かつまこんごう》という法具の略で、羯磨輪、羯磨杵、十字金剛、十字縛日羅《ばじら》などともいう。『略出経《りゃくしゅつきょう》』には「形は十字の如く、みな鋒叉《ほうさ》あり」などと説かれている。二本の三鈷杵を十字に組み、四方にのびる十二鈷の形となっているが、これは流転の十二因縁《じゅうにいんねん》を破り、涅槃寂静《ねはんじゃくじょう》の十二因に変ずる意味があるという。

羯磨は蓮弁式羯磨と菊弁式羯磨の二種類に大別される。密教では蓮弁式が金剛界壇に、菊弁式が胎蔵界壇に対応するとされる。

羯磨を大壇の四隅に安置する場合、羯磨台を用いるのが普通である。羯磨台を羯磨皿と呼ぶこともある。羯磨台は蓮華の象徴である。羯磨台は五口で一セットとする場合が多い。

天台系の場合はあえて羯磨台を用いないようである。

仏教法具

羯磨（東京国立博物館蔵）

しけつ 四橛

橛《けつ》は「くい」の意である。

金剛橛とか枳羅剣《きらけん》といわれ、護摩壇などの密教修法の際に大壇の四隅に立てて結界《けっかい》をあらわす小柱である。金剛杵の把手と似た装飾をつける。『陀羅尼集経《だらにじっきょう》』や『蘇悉地羯羅経《そしつじかつらきょう》』などによると、佉陀羅木《きゃらだぼく》を材料として使用するのが本筋とされ、鉄や銅などの金属製や紫檀木《したんぼく》は従とされる。そのため、圧倒的に木製が多いようである。

四方の杭の役を果たすために四橛と称し、これに壇線を張りめぐらして、浄域とする。つまり、壇上を結界するのである。

四橛というものの、儀軌によっては二十八橛、五十二橛を用いる場合もある。

形は通常、独鈷形で、金剛杵をかたどっているが、三鈷形もある。

ちなみに、用途別に金剛界《こんごうかい》修法用の金剛界橛、胎蔵界《たいぞうかい》修法用の胎蔵界橛、宝珠のついた灌頂《かんじょう》用の橛、宝珠のない鎮壇《ちんだん》用の橛がある。小野流《おのりゅう》は宝珠《ほうじゅ》橛を、広沢《ひろさわ》流は宝珠のない橛を使うといった伝統的な作法もあるが、口伝などにより例外もある。

天台宗では先の尖った四橛を使っている。

大壇の四隅に立てた四橛に張り巡らす線を壇線《だんせん》というが、この壇線は五色の糸を用いる。これは白、青、黄、赤、黒の五色の糸を縒りあわせて作る。

経軌によると、壇線は「好細の縷《る》をえらび、香水《こうずい》で洗い、きわめて清浄にならしめ、潔浄の童女にこれを合わせしむ」とある。縷とは極めて細い糸のことをいう。五色の縷を合わせるには五智如来《ごちにょらい》の真言を用い、各一色を持ち、糸を縒って後、成辨諸事の真言で総じて加持することになっている。四橛の結び方は流派や口伝によって異なる。

四橛と壇線

くようぐ　供養具

仏を供養する基本的な法には、香《こう》、華《け》、燈《とう》、飲食《おんじき》の四種がある。

供養とは仏前で香をたき、華を飾り、燈明を灯し、仏飯仏供《ぶっぱんぶっく》を供えるということである。供養の中心は古代インドの時代から香である。

香の仏具としては焼香《しょうこう》用の香炉《こうろ》がよく知られている。香炉には据《す》え香炉、柄《え》香炉、釣り香炉など諸種類あるが、密教では火《か》炉を主として用いる。大壇の四面器の中央に安置し、その左右に六器《ろっき》、華瓶《けびょう》、飲食器《おんじきき》などを置く。

火炉は、もともとは本体を三つの脚（獣脚）で支える形式のものが主流であった。現在の火炉は三つの脚つきのものは稀である。蓋には煙を出す煙孔があるが、この形式は中国の唐の時代に流行したものとされる。宮廷調度の火鉢が元だったようである。

平安時代には単層式、鎌倉時代には重層式の火炉が発達した。重層式は本体の丈が高く、単層式よりも焼香の火が消えにくいのが特徴である。時代を経て修法が発達していった結果、修法に要する時間が増え、重層式のほうが都合がいいということもいえる。

卍字火炉というものもある。これは蓋の表に卍形の煙孔があるもので、伝法灌頂を授ける直前に授ける戒である三昧耶戒《さんまやかい》の時や各種灌頂の際に用いられる。卍字火炉を片供《かたく》香炉ともいうが、片供は六器のうち、向かって右側の前器三器を使用して仏を供養する修法である。

卍字は大空不生《だいくうふしょう》の妙香《みょうこう》で仏弟子《ぶつでし》を薫じて煩悩《ぼんのう》を清浄にする意味がある。卍字火炉は天台宗ではほとんど用いられず、真言宗で用いることが多い。真言宗の中でも流派によって用い方は微妙に異なる。

香炉にはその形から香象《こうぞう》とよばれるものもある。これは象の形をした炉で、背の部分が火炉になっている。道場の入口に置き、秘密灌頂の時に、受者を目隠しして、この香象を跨がせて入場させる。これにより受者が浄化されるという。

香象は平安時代に伝来しており、『金剛界受明灌頂作法次第』などの伝書に登場している。

特殊なものとしては紇哩《きりく》字香炉がある。紇哩字というのは梵字のキリークで、阿弥陀《あみだ》の種字を象徴しているものである。蓮華形香炉の一種で、蓋に五字の梵字（唵《おん》・嚩《ば》・囉《ざら》・達《だ》・磨《ま》）を透かして煙孔としている。

由緒は古く、不空《ふくう》訳経典『観自在菩薩大悲智印周遍法界利益衆生薫真如法』にも出ている。観自在《かんじざい》菩薩心真言一印念誦法《ぼさつしんしんごんいちいんねんじゅほう》を修する際、炉のなかに香を字の形に盛り焼香する。紇哩字香炉で焼香すると、災難を除去し、死後は極楽《ごくらく》のなかでももっともよいといわれている極楽上品《じょうぼん》に生まれ変わることができるという。京都の律宗《りっしゅう》の寺院の法金剛院《ほうこんごういん》には京焼きの大家・野々村仁清作の陶器製の優品がある。

華瓶《けびょう》は修法壇上の供養具の一つで、花を献ずるためのものである。いわゆる花瓶《かびん》のことである。火舎香炉を中心とした壇上の両端に置く。花瓶、宝瓶、五瓶、賢瓶などの異名もある。古代インドでは迦羅《から》舎《じゃ》という宝瓶で香水《こうずい》を入れていたが、瓶の口を覆う意味で花をさすようになり、それが形式化しもっぱら花を供養する法具になったとされる。

密教でも香水瓶《こうずいびょう》を本義とする。香水瓶は五宝《ごほう》（金・銀・真珠・珊瑚《さんご》・琥珀《こはく》などの五種の宝物で、経軌により異なる）、五香《ごこう》（栴檀《せんだん》・沈水《じんすい》香・丁子《ちょうじ》香・安息《あんそく》香・鶏舌《けいぜつ》香などの五種の香料）、五薬（人参《じんせん》・黄《おう》精根《せいこん》・甘草《かんぞう》・遠志《おんじ》・白朮《びゃくじゅつ》などの五種の薬草）、五穀（稲穀・大麦・小麦・小豆・胡麻などの五種の穀物）を入れ浄水を盛ったものであるが、便法として浄水だけにする場合もある。ともあれ、香水瓶の蓋として花をさし、華瓶とするのである。華瓶には華を中心に綵帛（五色の布）で飾ることも多い。

大壇上には普通、五瓶《ごびょう》が置かれる。そのうち中央に置くものを中瓶《ちゅうびょう》という（中瓶は他の四瓶よりも大型である）。真言系では四瓶は壇の四方の四隅に置かれる。

ただし天台系の大壇供では中央に五瓶を安置、四隅に各二瓶ずつ置くのが普通である。つまり十三瓶ということになる。

華瓶には亜字形と徳利形の二種がある。

前者は形が漢字の亜に似ていることから、そのようにいわれる。徳利形の名称もその形からきている。徳利形よりも亜字形を使用することのほうが多い。

華瓶（金翅鳥院蔵）

仏教法具

香炉（金翅鳥院蔵）

香象

ろっき　六器

六器は基本的には高台のついた小鋺に台皿を供えたもので、六個一組になっている。このため六器という。

密教で基本的に用いられる仏前供養器であるが、空海の時代に六個一組であったかどうかは、事例がないので疑問とされている。平安時代の後期には六器になったと考えられている。また、鎌倉時代初期頃までは六器のことを閼伽器《あかき》と称していたとも考えられている。

六器は修法する壇上で火炉を中央に配置し、その左右に三器ずつ置く。内側から浄水を入れる閼伽器、香を入れる塗香器《ずこうき》、華を盛る華鬘器《けまんき》と見立てるのが本義とされるが、各器には樒《しきみ》の葉を盛るのが原則となっている。葉の盛り方や枚数は流派により異なる。

六器は金銅鋳製の素文（装飾を施していない）のものと八葉蓮弁《はちようれんべん》を彫って飾った蓮弁式のものがある。蓮弁式は慈覚大師円仁《じかくだいしえんにん》がもたらしたとされ、天台系に多い。真言宗でも蓮弁式を使う場合もある。

なお、台皿を具えない六器もあり、これを片供器ともいう。片供器は三昧耶戒場で大阿闍梨《だいあじゃり》が弟子に諸尊供養法を教授したりする際に使用される。向かって右に置いた前供の三器だけを使用するので片供器と称する。この時は火炉は卍字形にする決まりがある。

仏教法具

左から華鬘器、塗香器、閼伽器（以上、金翅鳥院蔵）

おんじきき 飲食器

仏に米飯などを供えて供養するための器で、壇上に安置する。仏飯器のことである。この器には、飯食、汁《じゅう》、餅《べい》、菓《か》などが盛られる。奈良時代には鉄鉢《てっぱつ》を飲食器として用いていたようである。空の飲食器を仏前に置き、そこに賽銭《さいせん》を受けたり、洗米《せんまい》を盛ったりする場合もある。

飲食器（金翅鳥院蔵）

灑水器《しゃすいき》

香水《こうずい》を灑《そそ》いで心身の穢れを除去し、同時に道場や供具（仏具）を浄化することを灑水《しゃすい》という。その灑水に使用する香水を入れておく密教修法用の器である。

往古は賢瓶《けんびょう》（＝華瓶）を使用したようであるが、現在は灑水器を用いる。灑水の時には細長い棒状の散杖《さんじょう》（＝灑水杖）を使用する。散杖はインドでは茅草を束ねたものや、楊柳の枝を用いたが、日本では梅の枝、桃の枝などを使用する。ちなみに梅は香木であり、桃は邪気を払い、楊枝は除病に効験がある吉祥木とされている。いずれにせよ、散杖の先に香水をつけて空中に振るのが灑水法要なのである。

灑水の作法としては小三股印を結び、器に向かって甘露軍荼利真言を誦して二十一遍加持してから、散杖を取って汚れを除く𑖨𑖽《ラン》𑖪𑖽《バン》加持を行ないながら、香木を灑ぐのである。

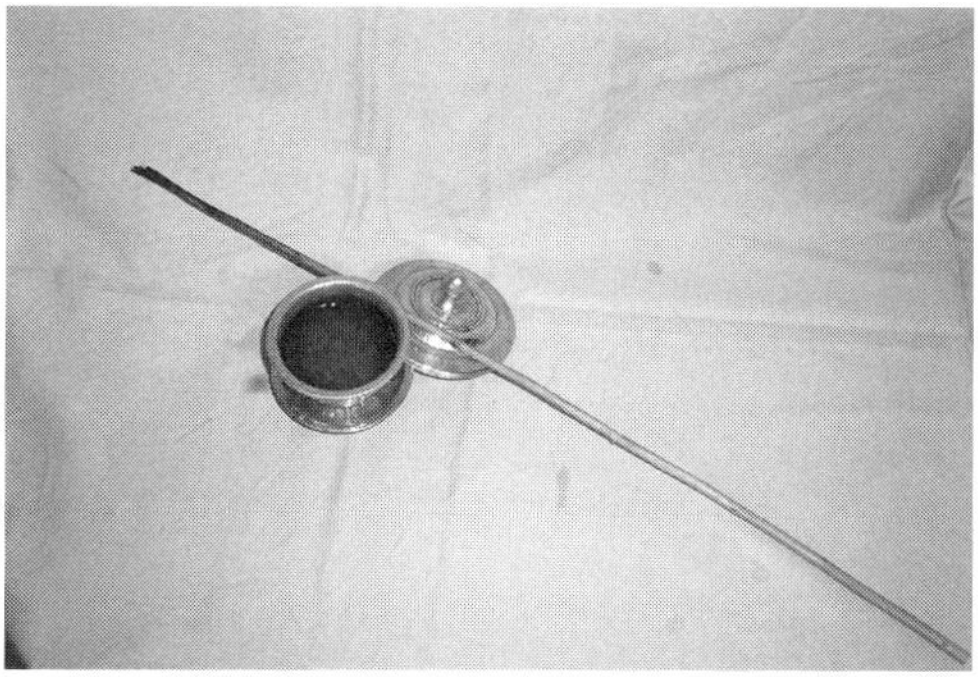

灑水器と散杖（金翅鳥院蔵）

ずこうき　塗香器

塗香を入れておく器である。つまり、香末（練り香、粉のようなもの）を体に塗り、五体を浄め、三《さん》業《ごう》の垢を除去するとともに、邪気を近づけないようにするもので、灑水器と同じ形をしている。栴檀（白檀科の常緑樹）などの名香を粉にしたものが入っている。灑水器とともに使用される。ただし大きさは灑水器のほうが大きい。両者合わせて二器ともいう。

使い方は、

一、塗香器に塗香を盛る。
二、塗香を右手の親指と人差し指でつまみとり、それを左手の親指と人差し指で分けるようにしてつまみとる。
三、右手につまみとった塗香を左手の掌に塗り、左手につまみとった塗香を右手の掌に塗る。
四、両手を擦り合わせて、手のひらや指にまんべんなく塗る。
五、手首や前腕に塗る。
六、手と体が清浄になったと観想して、終了。

仏教法具

塗香器（金翅鳥院蔵）

あかおけ　閼伽桶

閼伽は浄水のことで、古代インドでは客を接待するため、浄水を捧げた習わしがあり、それが転じて仏具となった。閼伽桶は小型の手桶で、泉水や井戸から浄水を汲み、またその水を保存するための器。閼伽桶は閼伽棚に置かれ、そこから壇上の閼伽器に注がれる。

閼伽桶に入れる水は井花水《せいかすい》（夜明け前の鶏が鳴いた直後の水という意味で、その水には虫が入っておらず清められている）を用いるべしと『顕密威儀便覧続編巻』に記されているように、水を汲むための特別な所伝もある。

ごまろ　護摩炉

諸尊を供養するための護摩には外護摩《げごま》と内護摩《ないごま》の二種類がある。外護摩は炉の中に供物を焼いて行うものであり、内護摩は実際には焼かずに心中の智慧の火を焚くイメージをもって煩悩の薪を焼くものである。方法は異なるが、密教では護摩を修して息災《そくさい》、増益《ぞうやく》、降伏《ごうぶく》、延命《えんめい》、敬愛《けいあい》などを祈る。

護摩は古代インドの伝統に因み、供物を祭壇の炉に供えて焼けば、その火焔や香気が上昇して天の神々（＝諸尊）に達し、神々がこれを食べて元気になり、すべての人々の願いを叶えるとされていた。この祭法を密教が流用したわけである。したがって護摩炉は本尊の口中に見立てられる。

護摩炉は、護摩壇の中央に安置されるが修法の目的により護摩炉の形は異なっている。主なものとしては円形の息災炉、方形の増益炉、三角形の降伏炉のほか、八葉蓮形《はちようれんがた》の敬愛炉、舌形（半月）の鈎召《こうしょう》炉《ろ》などがある。経軌によっては二十五種類にもなる。入唐八家の一人であった真言僧常暁は一度に十五種類もの護摩炉を請来してきたといわれている。

もともとは修法に応じた炉をそのつど作るのが原則だったが、現在は据え置き型が多い。それ以外には移動型の炉もある。これは戦国時代に多かったといわれている。武将に仕えた密教僧は、戦場を転戦する際、いちいち寺で修法する時間的余裕がない場合も多く、そのために移動型の炉を使って敵を調伏したり、敬愛法とか息災法を修法したようである。

護摩炉の中で一番よく使用されるのが息災炉である。身近な例でいえば、お釜のような形をしており、底も丸くなっているものが多い。息災炉にはほぼ完全な円形のものと、縁の一部が外側に張り出しているものとがある。前者は台密系、後者は東密系である。

張り出している部分には、護摩を修する時に諸尊に供養する油を入れる蘇油器《そゆき》を置くことになっている。蘇油は蘇《しそ》と蜂蜜や牛乳、油などを加えてつくった液体状のものであるが、胡麻油に白砂糖や氷砂糖を混ぜて代用することも多い。砂糖は蜜の代わりとされる。もっとも修法によって蘇油の内容は異なり、空海の『護摩鈔』によると、息災では香木油《こうぼくゆ》か蘇油、増益には胡麻油、降伏には芥子油（からし＝けしゆ）、敬愛には烏麻油《うまゆ》を使用する。これらを用意できなければ胡麻油で代用することも許されている。

護摩炉は高温で焼かれるので、耐久性のある金属製がほとんどであるが、石製のものもある。奈良の秋篠寺《あきしのでら》や新薬師寺などには石製の護摩炉が伝来する。

なお、護摩炉は使用していない時は蓋をしておくのが通例である。

いろいろな護摩炉（『護摩爐壇様』）

ごましゃく　護摩杓

護摩炉にセットされるものとして護摩杓がある。これは柄杓の一種で、護摩修法で供物をすくって護摩炉の中に投ずるための法具である。供物は五穀や蘇油、各種の飲食《おんじき》などである。全長は一尺八寸とされる。

護摩杓は佉羅陀木が原則であるが、金属製も多い。普通、匙の部分を金属にして、柄の部分を木製にしている。柄の形の基本は独鈷形《とっこがた》である。

護摩杓は注杓《ちゅうしゃく》と瀉杓《しゃしゃく》の二種一組で使用することになっている。両方とも「そそぐ」という意味で、注杓は大杓、瀉杓は小杓という違いがある。厳密には注杓は流して注ぐ時に使用し、瀉杓は移して注ぐ時に使うとされる。

護摩杓の形は経軌に規定されている。

『金剛頂瑜伽護摩儀軌』では注杓は吉祥果《きっしょうか》（＝ザクロ）のようにし、杓の中（底）には三鈷杵文《さんこしょもん》で装飾し、柄を付け、口と柄元に蓮華文《れんげもん》を刻み、一方、瀉杓は円形にし、杓の中の装飾は蓮華文か金剛杵文にすべしなどと説かれている。文とは紋様のことである。

とはいえ、普通使用されているものは、注杓は長柘榴形《ちょうざくろがた》、瀉形は円形で、いずれも杓の中は装飾されていない方が多いようである。

空海の『護摩鈔』には、小杓の底の輪形《りんぎょう》は大日如来の三昧耶形《さんまやぎょう》、大杓の底の三鈷杵は金剛薩埵《こんごうさった》の三昧耶形としている。そのため、小杓は、蓮華文や金剛杵文ではなく、輪宝文《りんぽうもん》が刻まれていることも少なくない。

修法では大杓以外に小杓を二本揃えて置いたりもする。小杓を二本揃えるのは、そのうちの一本で蘇油を、もう一本で五穀と飲食を扱うためである。これは五穀と飲食が蘇油にまみれてべたつくのを避けるという意味もあるようだ。

護摩杓は護摩壇に直接置いてはならないものとされる。そこで護摩壇の上に護摩杓を乗せておく杓休めという皿を置いておくか、杓を立てて置くための杓懸けと呼ばれる杓台を使用する。なお流派によっては方形の大杓などもある。

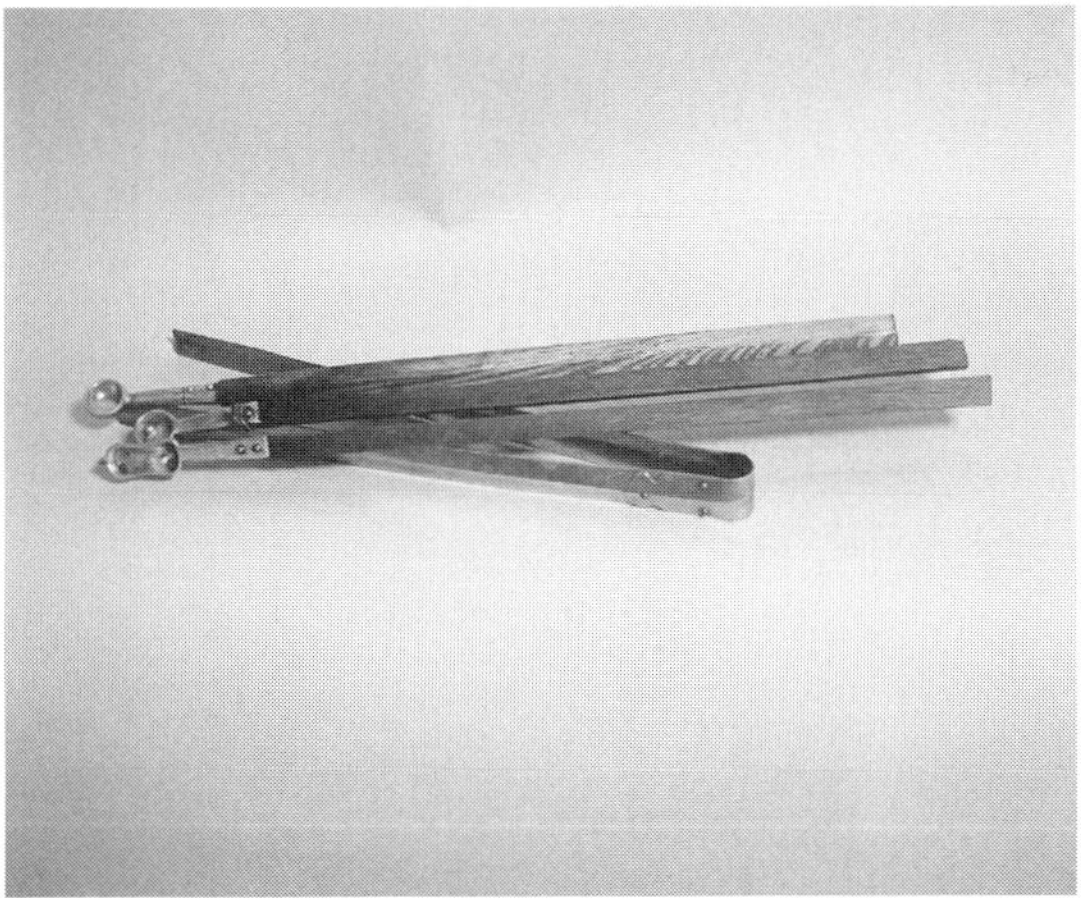

護摩杓と火箸（金翅鳥院蔵）

しゅほうだん　修法壇

修法壇は種類や形式などから、大壇、密壇、護摩壇などと称されている。壇の原義は曼荼羅《まんだら》を意味する。曼荼羅は諸尊の悟りの世界を象徴するものとして、一定の方式に基づいて、仏菩薩さらに神々を網羅して描いた図のことで、元来は密教のものである。基本的な壇のことを大曼荼羅壇といい、これを略称して大壇といっている。曼荼羅には神道《しんとう》曼荼羅や浄土《じょうど》曼荼羅など後世にはいろいろ作られているけれども、すべて密教の影響のもとに成立したものである。

それはさておき、密教の修法壇は形式的には華形壇《けぎょうだん》、箱壇《はこだん》、牙形壇《げぎょうだん》の三種類がある。

このうち、華形壇はもっとも根本的な壇で、壇面の平面が正方形になっていて、四方の側面は蓮の花弁（蓮弁《れんべん》）で飾られている。蓮の花が上を向く仰蓮《ぎょうれん》と下を向く伏蓮《ふくれん》の二種類の蓮弁飾りが施されているので、華形壇という。

華形壇は根本様と発達様の違いがある。端的にいうと、歴史や流派による側面の形の違いである。まず根本様式があり、その根本様式の下に方形の基壇を連結したものが発達様である。根本様は原則として広沢六流《ひろさわろくりゅう》（仁和御流《にんなごりゅう》・西院《さいいん》流・保寿院《ほじゅいん》流・華蔵院《けぞういん》流・忍辱山《にんにくせん》流・伝法院《でんぽういん》流）や小野《おの》六流のうちの三流（安祥寺《あんじょうじ》流・勧修寺《かんじゅじ》流・随心院《ずいしんにん》流）などで、発達様はいわゆる小野六流の残り三流である醍醐《だいご》三流（三宝院《さんぽういん》流・理性院《りしょういん》流・金剛王院《こんごうおういん》流）などで用いられている。後世になればなるほど、口伝や秘説が加味され、様式面も凝って装飾的になる傾向が強いようである。近世のものとしては蓮のほか、牡丹や唐獅子で飾られているものもある。

ちなみに根本様と発達様にしても蓮弁の数や向きなど、流派によって細かい差異というか秘説がある。

これは後世になるにしたがって、新たに付け加えられていったものと思われる。壇の大きさは一辺が五～六尺が多いようであるが、大きいもので七尺以上のものや小さいものでは三尺半ほどのものなど寺によって異なり一定ではない。

箱壇は壇の四方の側面に蓮弁など装飾を施さない、きわめてシンプルな平面正方形の壇のことである。これは基壇の部分だけで、それを箱壇という。東密系では元来、壇を破壇する行法の時に限ってこの箱壇を用いていたとされるが、台密系では箱壇を常設の大壇や護摩壇として用いる伝統がある。東密でも後世になると常設して用いるようになるが、これはあくまでも略儀として許されているようである。

牙形壇（牙壇《げだん》）は華形壇や箱壇同様、壇面が正方形であるが、天板の四隅に四本の脚を立てた壇をいう。この四脚が象牙の形に似ているので牙形壇と称するのである。牙形壇は護摩壇として使用されることが多い。とはいえ、大壇の代わりに用いられる場合もある。ちなみに牙形壇を護摩壇として用いる際は大壇は必ず華形壇にするともいうが、例外もある。

密壇は広義では密教の祭壇という意味であるが、密教修法で密壇と限定的にいう場合は大壇の略式として用いられるもので、形態的には壇面が他の壇とは異なり長方形になっているものをいう。大壇では四面器を配置するが、密壇の場合は一面器だけである。四脚を備えた密壇は加行壇《けぎょうだん》（＝修行時のもの）などに用いられ、供養壇ともいう。

修法壇は見た目はほとんど同じように見えるが、大壇は中央に多宝塔《たほうとう》が置かれ、護摩壇は中央に護摩を焚くための炉が置かれる。

修法壇は木製の壇になっているが、これも歴史的に変化しており、古代インドでは修法壇は土壇だった。その後、中国の不空三蔵《ふくうさんぞう》以降、木壇も使われ、空海の師である恵果《けいか》からもっぱら木壇を使用することになり、今日に至っている。

北白川地蔵谷不動院の護摩壇

ごき・はっき　五器・八器

いずれも護摩壇と関係の深い法具である。五器は灑浄《しゃじょう》・嗽口《そこう》・五穀・飲食・蘇油を盛る器で、形はみな灑水器《しゃすいき》に似ている。灑浄とともに道場や法具や、護摩炉を浄めるためのものである。また、口の中に入れて浄めるということもやる。僧侶自らも法具の一つであると考えられるからである。閼伽器から直接口をすすぐ場合もあるという。

灑浄も嗽口も浄水に沈香、白檀、丁子などを加えて作る。五穀・飲食・蘇油はみな、炉口《ろこう》に供養するための供物である。

八器は五器よりも小さく、芥子《けし》・丸香《がんこう》・散香、薬種・花・塗香《ずこう》・加持物の八種が入っている。加持物は修法の種類により異なり、息災には白胡麻《しろごま》、増益には黄染の粳米《うるごめ》、調伏には芥子、延命には屈婁草《くつろそう》、敬愛には赤染《せきせん》の粳米を使う。行僧などによっては調伏法で芥子に秘伝の毒物を混ぜて修法することも多い。有力な行者や祈禱師は、必ずといっていいほど秘伝を持っているものである。芥子はからしで、堅くて辛いことから降伏の威力があるとされる。丸香は南方系の香木である丁子香《ちょうじこう》、白檀香、沈香《じんこう》、蘇合香などの香を蘇蜜で練り合わせて小さな球状にしたものである。散香は沈香や白檀香、鬱金《うこん》などの名香を使用する。薬種は白朮、人参（＝朝鮮人参）、黄精根・甘草などを細かく砕いて粉末状にし等分に混ぜ合わせてつくる。塗香は沈香、白檀香、鬱金、龍脳《りゅうのう》などを細かく砕いてつくる。塗香は経軌では名香を浄水に混ぜてつくる練香であるが、現在では乾燥した抹香《まっこう》を使用する。

◆その他の法具

磬《けい》

法要や儀式において仏を称える道具の一つに楽器がある。磬は打楽器で中国古代に、仏教伝来以前からすでにあったという。この字からも想像されるように、かつては石であったが、のちに金属製になった。古代インドの楽器で「磬」に似たようなものがあったのではないかという説もある。

通常、仏前礼盤《らいばん》の右側の磬架《けいか》にかけて、修法の時に導師が打ち鳴らす。

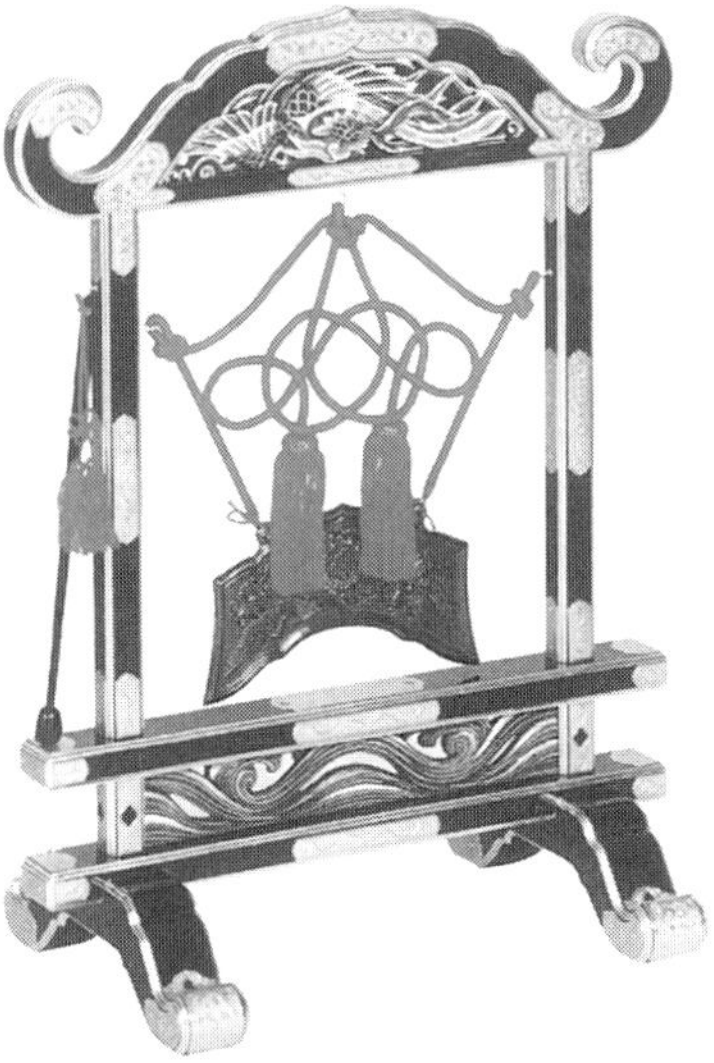

磬

けいさく　警策

「きょうさく」ともいう。警策の原義は警告するといった意味で、そこから転じて睡魔を断つための道具となった。一・四メートルくらいの長さの平たい棒で、手元のほうだけが丸くなっている。おもに禅宗で用いられる。これは坐禅中に居眠りをしている僧を戒める手段として肩か背を打つ。また惰気や眠気を覚ますためにも坐禅中の僧がみずから進んで警策の一打を乞う場合もある。

どうばん 幢幡

仏堂を飾る旗であると同時に、仏や菩薩の威厳とか権威を象徴している。相手を威嚇するための武器が元となっているという説もある。幢幡で荘厳されている堂内に仏敵や魔軍は近寄れないとされる。

幢幡

てんがい　天蓋

仏がここにいるという権威の象徴。インドの強い日光を遮るために高貴な人の頭上に差しかざした日傘が元で、その後、仏像の荘厳具となった。寺院の天井からかけたり、僧の行道にも用いる。

天蓋

ぎょく　魚鼓

魚（鯉）の形をした木製の鳴物である。材質は桑が多い。これはおもに禅宗の寺院に吊されており、これを木槌で打って用いるものである。法要が始まる時や、何かを行なう、その時々の合図として用いるものである。

魚というのは目を閉じて眠るということがない。そのことから、怠け心や惰眠を打破することの象徴として魚の形を取り入れている。木魚《もくぎょ》も同様で、読経《どきょう》のときのリズムをとる一種の太鼓であるが、同時に惰気を覚まさせる法具でもある。

仏教においては、惰眠は悟りの世界に至らしめない、一種の魔であると見なされる。

えごうろ　柄香炉

金属製であるが、略儀としては木製のものもある。香炉に柄がついた形をしている。原則としては左手前に置き、持つときは両手を使って持つ。脇机に置かれる。法要のときにはこれを持って、行道のときに右回りに回る。堂内を右回りに歩いたり、場所を清める必要があるときには、堂内だけでなく、土地の四方を回る。それは香を焚きながら回る場合もあるし、あえて香を焚かないで回る場合もある。その場合には木製の柄香炉を使う。

ちなみに右回りというのは、古代インドの伝統を今に受け継いでいる形である。例外的に坐禅で警策を持って回る場合は左回りになる。

仏教法具

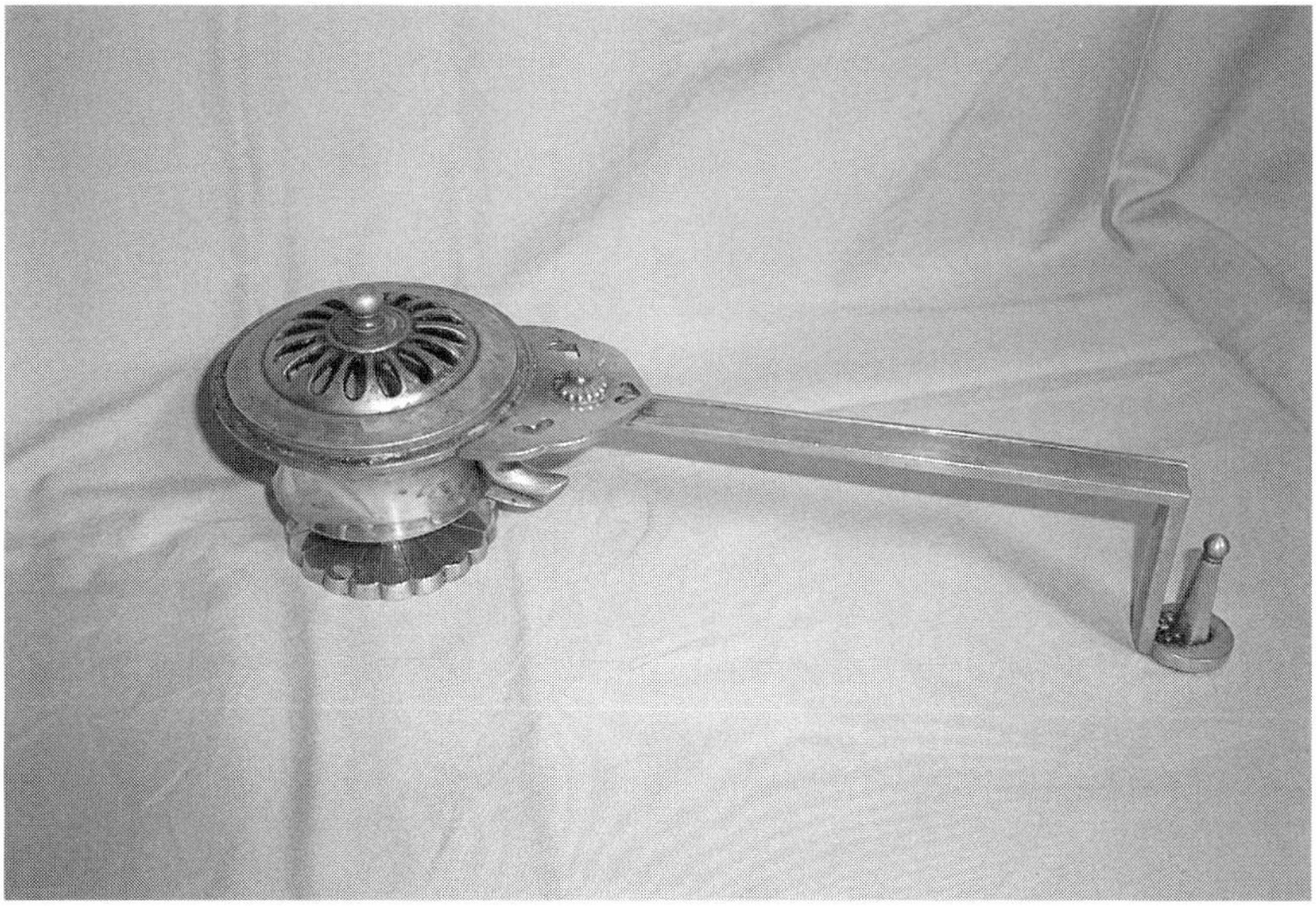

柄香炉（金翅鳥院蔵）

特別な調伏祈禱など難しい祈禱を修する場合には、あえて左回りで、逆に回る場合もある。

祈禱と修法で使う密教の呪具

◆羽田守快

密教はもともとはその発生においてアタルヴァベーダなどのバラモン教の聖典をもとに成立したといわれている。したがってその祭具においても、概ねそれを踏襲していると考えても間違いではない。ただし所変われば品変わるという言葉があるようにインド、中国、日本というように伝来してくる過程において、国情や風土によりそのスタイルは変化している。当然それに伴い、祭具（法具）にも変化がみられる。たとえば密教僧が修法《しゅほう》において必ず手にする金剛杵《こんごうしょ》は、「ヴァジュラ」といわれる古代インドの武器である。今日使用されるのは両端が手のうちからでるくらいの大きさのものが多いが、本来はそんなものではない。手槍ほどの長さのもので先端は鋭く尖っている。これで人を殺すのだから当たり前である。密教で使うものはこの尖った部分が内へ曲がり込んでいる。これは外敵ではなく、内なる敵である煩悩《ぼんのう》を砕破《さいは》するためである。

ところが将来型の仏像の古図など見るとしばしば手にした金剛杵はまるきり武器のままである。おそらく初期においてはこうした原形的な金剛杵がそのまま用いられたのではないかと考えるのが自然なのではないだろうか。事実日本密教に比べるとチベット密教などでは原形同様、ほとんどもとのままの姿の法具が少なくない。

たとえば護摩《ごま》で供物を供する杓《しゃく》などは日本では茶匙《ちゃさじ》程度の容量しかないが、チベットではそれこそスコップに長い柄のついたようなものである。これでボンボン火の中に穀物を放り込むのである。日本のそれに比べればなんとも豪勢なものである。第一穀物が貴重な高地の国でこれをやるのだから費用も大変だ。昔なら貴族の祈願や一世一代の祈願に奮発して焚いてもらうようなものだったことだろう。だいたいインドもチベットも護摩は屋外で焚くことが多い。ずいぶん以前、弘法大師《こうぼうだいし》の一代記を描いた映画で満濃池《まんのういけ》の治水を祈願するため大師が護摩を焚くシーンがあった。池のかたわらに護摩壇《ごまだん》を築きインド密教のように屋外で焚いているのだが、なんと立派な塗りの木製護摩壇を野外にすえて焚いているのである。知らないとはいえ不自然とは思わないのであろうか。映画では荒れ狂う風雨のなか必死に護摩を焚いている空海と弟子の姿が出てくるのだが失礼ながらかなり奇妙であった。インドでは土壇つまり土を盛って牛糞などで固めて護摩壇とするので木壇は原則的には使用しない。こういう訳で時代や所が変われば品もまた変わるのは法具の世界でも同じことである。

密教の一面器《いちめんき》はもっとも代表的な密教法具がワンセットになったものである。金剛盤《こんごうばん》に金剛鈴《こんごうれい》、独鈷《とっこ》、三鈷《さんこ》、五鈷《ごこ》、左右に三個づつおかれる六器《ろっき》、飯器《ぼんき》、華瓶《けびょう》で一揃いである。ただし実際に修法するにはこれに柄香炉《えこうろ》、燭台《しょくだい》がないといけない。独鈷、三鈷、五鈷はさきほど冒頭に述べた金剛杵の三本セットであり左右先端のツメの数によって独鈷とか三鈷とかいう。この使い分けであるが一様でないものの当然決まりはある。まず明王《みょうおう》、天部《てんぶ》などの金剛部の修法には独鈷、観音《かんのん》、弥勒《みろく》などの菩薩《ぼさつ》に代表される蓮華部《れんげぶ》の修法には三鈷、そして大日如来《だいにちにょらい》、薬師如来《やくしにょらい》などの仏部《ぶつぶ》の修法には五鈷という用い方、あるいははじめて行に臨む初行者は独鈷、すでに密教をひととおり学び伝法をうけた已灌頂者《いかんじょうしゃ》は三鈷、密教の教授である阿闍梨《あじゃり》は五鈷という用い方、また一座の修法のうちでも壇上や本尊を浄める香水《こうずい》の加持《かじ》は三鈷、祈願の主旨をのべる表白《ひょうはく》は五鈷、真言念誦《しんごんねんじゅ》は独鈷という用い方もある。また特殊なところでは九頭龍杵《くずりゅうしょ》というものがある。これは左右九本のツメの根元が各々九つの竜頭《りゅうず》になっているもので、大威徳明王《だいいとくみょうおう》の修法に用いる。大威徳明王は調伏《ちょうぶく》を本誓《ほんぜい》とする明王だが毒龍を支配するとされているため、こうした金剛杵を使うのである。他の金剛杵と異なりかなり特殊なものなので専門店でも特注でないとまず置いていないだろう。

金剛杵に関して一例すれば『大威力烏枢瑟摩明王経《だいいりきうすさまみょうおうきょう》』によると、まず鉄で十六指の長さの杵《金剛杵》を作る。それに紫檀《しだん》という木の染料で色を塗り、月の二十三日か二十九日の月蝕の時に道の草を取ってきて敷き、真言を唱えながらクリームチーズのような乳製品である牛蘇《ぎゅうそ》をそそぐこと一千八返。一千八体の鬼神《きじん》が現れるが、恐れることなく印《いん》を結べば皆退散する。さらにこの杵をもって加持すれば杵から炎が出現し、三十三天の主である帝釈天《たいしゃくてん》の位を得ることもできるというものである。かなり呪術的というより荒唐無稽であり、いかに平安時代とはいえこうした儀軌《ぎき》の内容が全てそのまま信じられたとは考えがたい。しかし金剛杵は法具の域を超えてついには尊格として崇拝を受けるにいたるのである。金剛童子《こんごうどうじ》というのがそれである。

当初呪具としての金剛杵は稲妻を発するバラモン教の雷廷神インドラの武器であった。インドラは仏教でいう帝釈天である。彼はこの金剛杵の力で強大な悪龍ヴリトラをうちたおしたという。金剛杵の威力は仏教の顕教《けんぎょう》では執金剛神《しゅこんごうしん》や仁王尊《におうそん》の持ち物として受け継がれ、仏敵を防ぐために威力を発揮する。これが密教ではさらにこの金剛杵自体が尊格へと変化し金剛童子となるのである。金剛童子は儀軌によ

祈禱と修法で使う密教の呪具

ればとりわけ仏法が哀微の極みに達するという末法《まっぽう》に相応《そうおう》の尊とされていて前世に福徳なく怨敵《おんてき》や貧窮に苦しむ人々を救うという。金剛杵は再三のべるように本来武器であったが、純粋に法具としての歩みを始めると、もはや武器とは到底いいえない特殊なものも作られてくる。例えば搭杵《とうしょ》、宝珠杵《ほうじゅしょ》といったものがそれだ。先端にツメでなく、塔や宝珠がついているのである。これは塔鈴、宝珠鈴とともに安置されるもので大壇《だいだん》に置かれ、これらが置かれる時は壇具も一面器だけでなく四方に同様な壇具を置く四面器が構えられる。同時に独鈷鈴と独鈷杵、三鈷鈴と三鈷杵、五鈷鈴と五鈷杵といった組み合わせで配備される。これらは五鈴杵といい、塔杵、鈴が中央仏部。五鈷杵、鈴が東方金剛部。宝珠杵、鈴が南方宝部。独鈷杵、鈴が西方蓮華部。三鈷杵、鈴が北方羯磨《かつま》部に当てられている。本来はこのうち実際に使用するのは自分の前にある鈴杵だが、実際の修法の際は観念の上で五鈷杵を執ると考えたり、これとは別に鈴杵を置くこともある。さらに大壇では四隅に羯磨杵といわれる三鈷を交差した形のものや、中央の塔杵の下に輪宝《りんぽう》を置く。これらは壇を守護するために大壇に安置するのである。とりわけ輪宝は大地を耕し、どこへでも転がることから仏の説法の自在なることを象徴するものである。金剛鈴はこれを用いるのに二儀ある。ひとつには本尊の驚覚《きょうかく》である。これは三昧の定《じょう》に入っている（冥想状態でいる）仏の降臨を請うべく呼び覚ますのである。したがって三昧の状態にない諸天の修法には通常用いない。ひとつには妙音を奏して歓喜せしめるのである。天台密教では前者の儀により、真言宗では後者の儀によって用いることが多分である。六器には一面器の場合、中側から左右へ閼伽《あか》、塗香《ずこう》、華鬘《けまん》とならんでいる。これらは器としてはどれも同じであり要は中身の問題でしかない。閼伽は香水、塗香はそのものを入れるほか樒《しきみ》を切っていれる、焼香を入れるというように流儀により異なる。華鬘は本来花であるが樒で代用することが多い。また閼伽や塗香のいずれにも樒を入れ、盛り込んだ葉の数で違いを示す伝もある。これらは最初に述べたようにバラモン教の祭儀を踏襲しており、要するにインドの接客方法に準じて用いられる。つまりお客様を迎えたらまず手足の汚れや汗を拭くため水を出し、香を身に塗り、花を身に飾る。六器そのものは入れ物であり、呪具というほどのものではないのだが、この密教の道具立ては見る者にかなりの神秘的インパクトを与える。私なども法を授かるまでは一体これらはどのようにして用いるのかと興味津々であった。

修行時代私はこうした壇具を買う財力がなかったので、プリン用の金属カップを並べて六器の代用にしていたが、儀軌によれば実は瀬戸物でもいいのである。ちなみに大東亜戦争中には金属はみな供出されてしまい、代用品として瀬戸物の六器も出回ったという。

日本密教においてはこうした法具のほとんどは一連の修法の中で次第を追って用いられ、先に紹介した烏樞瑟摩明王の金剛杵のように独立した使用法はほとんど行なわれなかったようである。金剛杵のような法具をそのまま応用して活用するのはむしろ修験道《しゅげんどう》であろう。修験道の病者加持《びょうじゃかじ》では錫杖《しゃくじょう》や独鈷、数珠《じゅず》、金剛剣などをそれこそ武器のようにして使い、病魔や鬼魔に対抗するのである。

修験者の心のなかではこうした魔性《ましょう》は目にはみえなくともおおむね実体のある外敵である。これに対して密教修法における法具は主として自己の業《ごう》や煩悩を粉砕するための道具にすぎない。外なる病魔もまた、詮ずるところこうした業、煩悩の具象化にすぎない。道具自体が神秘の法力をそなえるとは基本的には考えないのだ。然るにこれらが強力な力を発揮するのはひとえに諸仏の我々を護念する加持力《かじりき》のなせる技である。したがって金剛杵をもっても必ず真言で加持することが必要となる。気合い一閃、金剛杵を振り下ろして魔を粉砕するなどというのは修験道でこそ成り立つのである。密教では修法は必ず「三昧」つまり仏と等しくなるべく心の統一を要する。この三昧という言葉だがヨーガの修錬をして

祈禱と修法で使う密教の呪具

きたある坊さんが「あんたさァ、三昧なんて軽々しくいうけど、本当に三昧に入ったら呼吸も止まるし、思念もなにもないんだから修法なんてできるわけないんだ」と教えてくれた。しかしこれはヨーガの三昧であって仏教のそれではない。これは「滅尽定《めつじんじょう》」といって仏教では必ずしもよしとしない「定」である。少なくとも密教の三昧ではない。密教の三昧は分かりやすくいえばお茶の御手前のようなものである。茶道では地震がおきようが、雷がおちようが粛々として手前を進めるのをよしとするのだそうである。つまり動の三昧である。「そんなことで法力なんてでるの？」という人もいるだろうが、こと祈禱にかぎればに座禅のようなかたちの三昧ではとうてい祈禱などできない。座禅を決してけなすのではないが、問題解決はすわったまま思念をこらしまくっても脳に血がのぼり具合が悪くなるのがオチである。こういうレベルなら我々は心配事や執心のことがあれば自然とやっているのである。悩み事のある人はすぐ判る。目の動きが止まっているからだ。ひたすら内面に固定的思念をこらすと人は自ずとそうなる。密教の修法は動の世界である。つまり密教の法具は魔法の剣をふりかざすようなものではなく、こうした動的な次第を進める上での小道具に過ぎないといっても良い。だからつまるところは「已達《いだつ》」すなわちベテランの行者であれば法具は何もなくてもいいのである。つまり運心だけで修法できるのである。いってみれば極端な話、こうした法具は運心が自在にできるようなレベルにいたるまでの、水泳における浮き輪のようなものである。ただし密教においては自在に泳げてもこの浮き輪は原則としてははずさないから外見にはわからない。また、こうした法具をはじめから不要なものとしては密教は成り立たない。

話を法具自体にもどすが、金剛杵以上に重要視されるものに散杖《さんじょう》がある。

これは梅の小枝などで作るもので先を割った一尺前後程度の棒であり、これで加持した香水を自身、本尊、壇、供物に注ぐための法具である。香水といってももちろん美容品の香水とは全然異なり、文字通り香をいれた水である。あるいはこれを煮出すこともある。散杖はインドでは主に茅草や三鈷印をもちいたようである。今でも菩薩流などでは茅草の散杖を用いているらしい。この散杖は龍王に模せられる。先端が水を吹く龍頭に思えるのであろう。

したがって作法は龍が浄水を吐いているようにイメージするのがよいのだろう。こういうイメージをばかばかしいと思うようでは全く密教の器ではない。誤解を恐れずにいえば密教はイメージによる遊びであり、仮想空間世界の物語である。これを大まじめにしかも楽しんでできる者だけが神秘の結果を見ることができるのである。

水に並び称せられるものはいうまでもなく火である。水火のふたつを祭儀にとりこむことが多いのは、どこの宗教でもおなじである。とりわけ火の祭儀として密教の護摩はあまりにも有名である。密教という言葉より護摩のほうが有名なくらいだろう。

護摩ではどんな法具が使われるのだろうか。護摩では六器に加え五器、八器というものが用意される。五器は灑浄《しゃじょう》香水器、漱口香水器、五穀、蘇油、飯食をいい、八器は丸香《がんこう》、散香《さんこう》、献備塗香《けんびずこう》、行者用塗香、薬種、花、加持物、芥子《けし》の八つである。要するにこれも六器同様器だけのものであるが、今日では流儀により必ずしも右のような内容で用いていない。例えば天台流では薬種は用いることがまずなく、あるいは花に房花、散花の二種があったりでいろいろである。五器は八器より大きく、いずれも蓋付のものが本来である。なぜならこれらは皆本尊の口に見立てた護摩炉に投ぜられる供物であるからで埃や塵を嫌うからだ。とりわけ五器の供物は小杓、大杓という杓で投ずる。蘇油においては小杓より大杓に移して供する。この小杓は大日如来を表わす。したがって大日如来のシンボルつまり三昧耶形《さんまやぎょう》として小

祈禱と修法で使う密教の呪具

杓のそこに法輪《ほうりん》を彫ったりもする。この小杓から密教の受法者を代表した菩薩である金剛薩埵《こんごうさった》にたとえた大杓へ油を移すことで密教の伝授であるところの「付法伝法」が表現される。

護摩の最中は念誦《ねんじゅ》の延長という考えから、ずっと鈷杵と念珠をもっている。杓を取るときもこれらと重ねて取り、杵と念珠は下へ置いてはならない。また火を盛んならしめるため扇がもちいられる。これは檜製のもののほか紙製のものでもよい。仰ぐにあたりこの扇の上には根本元素のうちのひとつである風大の種字である（カーン）字を観想する。

呪具といっていいかどうかわからないが護摩壇に張りめぐらされている壇線もかなり独特な存在である。これは護摩壇だけでなく大壇にも張られるが要するに外からやってくる悪魔が壇上に侵入するのを防ぐのである。この壇線はかなり強力な結界であり、天部の壇ではこれが邪魔になって天尊の降臨を阻むので、普通壇線は張らない。また、したがって天部修法の円壇では壇線を張るための楔《けつ》をさす穴もない。これは亡くなった信貴山《しぎさん》真言宗の野澤密厳管長猊下よりうかがった話であるが、信貴山には前だけ壇線のない古い壇があったという。これを聞いたある事相《じそう》の大家が「いやいや、なんと信貴山には大した阿闍梨様がいなすったのですなぁ」といわれたという。それだけのお話であるがここには密教の実践的知識である《事相》に通じた者だけの世界がある。信貴山の本尊は毘沙門天《びしゃもんてん》であり、天部の尊である。天部であるから壇線は張らないのがふつうだ。ところがそれをわざわざ張っておいて前だけあけるということは、前からしか毘沙門天は降臨できないのである。

壇の前にいるのは他ならぬ行者である。しかして真言密教は即身成仏《そくしんじょうぶつ》の教えである。だとすれば前から降臨する毘沙門天とはいったい何者なのか。野澤管長はここまでもいわなかった。私もここまでで止めておこう。後は読者に考えていただきたい。

ここのところの理解が行者が曼陀羅《まんだら》に入るか否かの肝心である。

壇線のついでに金剛橛《けつ》の話もしておこう。金剛橛はさきほどのべたように壇線を張るための柱であるが、修法のなかでは行者が印を結べば天地をも貫く巨大な柱として出現する。金剛橛はチベットではプルハ尊という尊格にまでなっており、本尊としての修法も存在する。その仏像を見るとなるほど上半身は憤怒形《ふんぬぎょう》で下半身は橛そのものである。金剛童子が金剛杵の化身《けしん》であるのと同じことが金剛橛にもおきたのである。密教修法の世界ではその金剛橛にまたモウモウたる火炎をふきあげる垣根である金剛牆《しょう》がはられる。現実の壇構えでいわばこれが壇線である。ある民間の祈禱師がこの密教の話を聞きかじったと見えて、「おまじない」として壇線を買ってきた。そして憑き物をおとしてくれという依頼の家の玄関にはりめぐらしたという話をきいたことがある。これは一を知って二を知らない考えである。壇線自体はただの紐にすぎない。これが結界の威力を発揮するのは修法の加持力のためである。加持力ぬきではただの紐のままである。これは東京オリンピックの時、その頃に水道設備のなかったある国の人が「これは便利」ということで日本のおみやげに蛇口をたくさん買ってかえったという話があるが、それと同じことである。最近、民間でアクセサリーとして金剛杵や宝輪などの法具アクセサリーが流行っているが、加持されていないものは単なるアクセサリー以上の価値をでるものは何一つないといってよい。

護摩の話がでれば密教の帰結として密教の仕上げである灌頂《かんじょう》の話も少々せねばなるまい。これは古来最も秘密とするところであるから多くは語れないが、これには独特の法具として法螺《ほうら》、妙鏡《みょうきょう》、金篦《こんぺい》、輪宝《りんぼう》などが用意される。いずれも大阿闍梨《だいあじゃり》が新しく阿闍梨になる人に授けるという所作をするものである。仏の説法の象徴である法螺は修験道で吹くものと基本的には同じである。ただしだいぶ小さく、修験道のようにこれを鳴らすための口金もつけないのが普通である。また妙鏡は大日如来となった自分の

祈禱と修法で使う密教の呪具

姿を映すものであり、金篦はインドの眼科医の持ち物で独鈷の尖端に玉のついたような形であるが、これで眼球の傍らを押して隠れた目の内側を診察するのである。これは悟りの目を開かしめることを表わしている。輪宝はすでに述べたように説法や精進の不退ならんことをしめすものである。

この後、受者は大日如来の衣帯《えたい》や五智宝冠《ごちほうかん》を着ける「厳身《ごんしん》」を行なう。これらは呪具というより大日如来となったという気持ちを高めるための衣装というべきかもしれない。

これらを身につけることにより仏になるのではなく、仏になった証として身につけるのである。こうして考えてみると定義にもよるが、純粋に呪具といえるようなものは密教には基本的に存在しないといってよいだろう。いずれの法具も行者の功徳を具現するための道具にすぎず、はじめから道具それ自体が力をもっているものはないからである。時々古い金剛杵などを手にするとき、なみならぬ力を感じ取ることはある。しかしそれとても金剛杵そのものの力ではない。使っていた行者の力が感じられるにすぎない。

私の師匠であった白戸師は信者さんからどこだかの国で「王様の木」といわれていて、その棒で叩かれると死んでしまうという言い伝えの珍材をもらったので、自分で独鈷を作っていた。見せていただき手にもしてみたがやはり感覚的に普通とはなんとなく違うものが感じられたのは事実である。が、こういうのはあくまで例外である。今回呪具という題をいただいているがその意味であくまで密教で使用されるのは法具であり、呪具ではない。このふたつを混同してはいけない。だから例えばパワーストーンと称するもので独鈷を作るのも面白いとはおもうが、実践上はたいして意味のあることとは思わない。単なる趣味の問題でしかないだろう。

強いていかにも呪具らしいものを探せば水天供《すいてんく》で使う「蛇索《じゃさく》」などはそれらしいといえばそれらしい

かもしれない。これは緑色の紐で編んだ蛇体に木製の蛇の頭をつけて作られるもので、はやい話が蛇の模型である。これを青磁の壺に納めておいて満願の日に川や池にながすのである。蛇索にこめられた龍神は喜んで雨を降らしてくれるというのである。他に龍の天敵である金翅鳥《こんじちょう》の模型を沈めて龍を喜ばすというなどという方法もある。

しかし、こうした蛇索にしても金翅鳥《こんじちょう》の模型にしても加持ということを抜きにしてはやはり成り立たないのである。あえていうなら仏と一体となるための身口意の三密を具足したこの身体こそが最大にして最高の呪具といえるだろう。

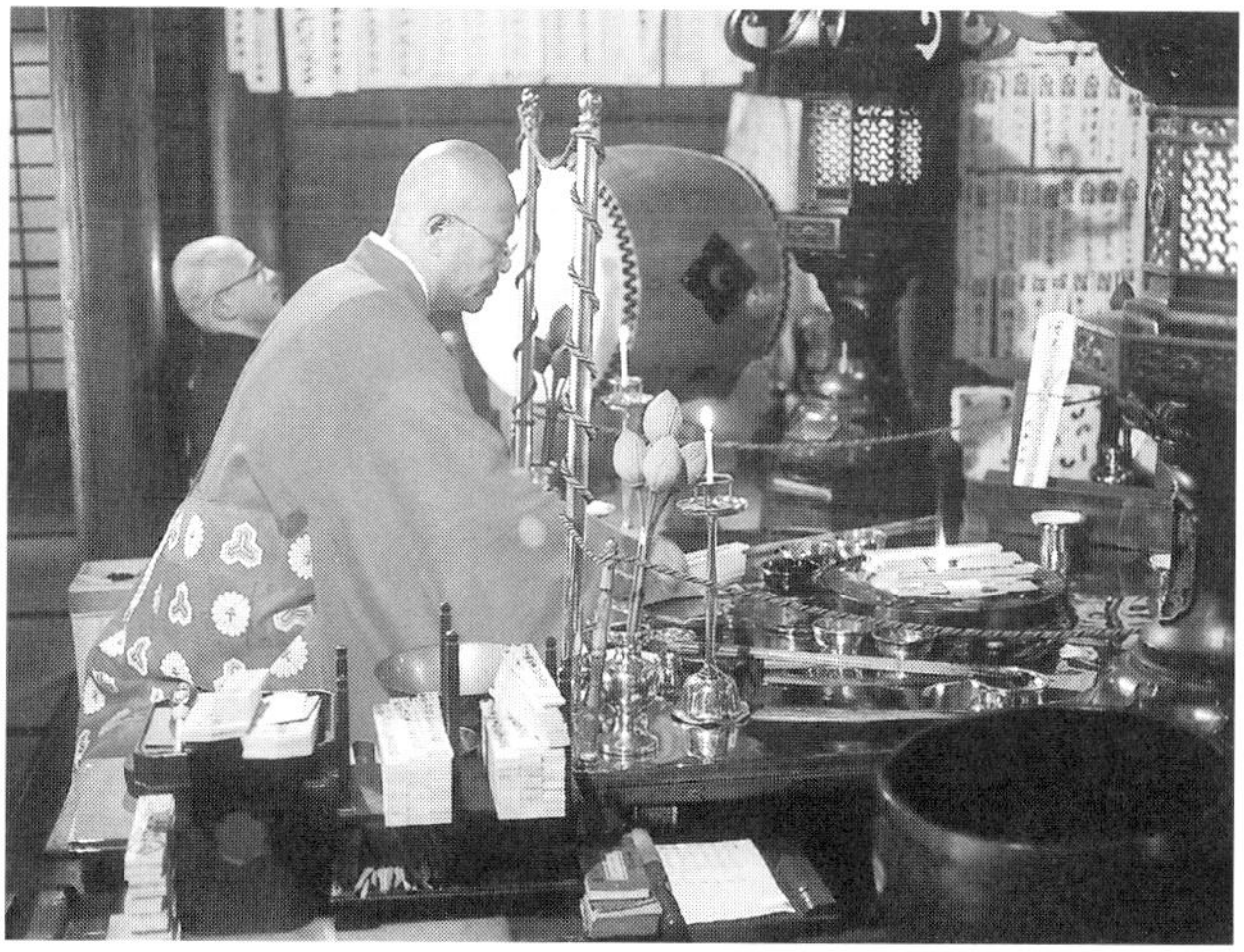

護摩木を組む

火がつきはじめる

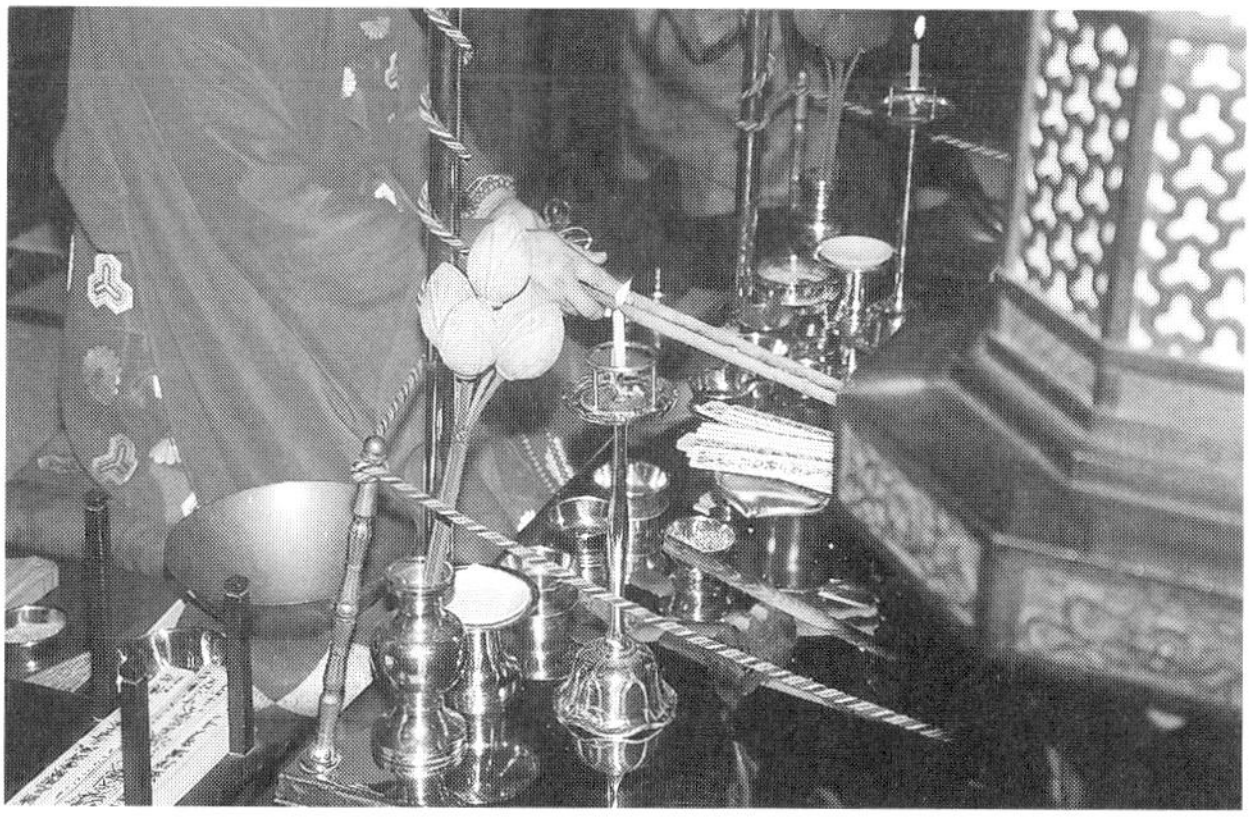

金剛杵を持ち、印を結ぶ

印を結ぶ

金剛鈴を鳴らす

お加持をする

約一千年前に命蓮上人《みょうれんしょうにん》によって開かれて以来、千手院護摩堂では、毎日護摩を焚いている。大護摩祈願は、毎日午前六時と午後一時半。特別祈禱の申込者には随時、護摩を焚いているとのこと。

商売繁盛・家内安全の「護摩の毘沙門さん」と呼ばれ親しまれている。

信貴山千手院

奈良県生駒郡平群町信貴山

法螺を吹きながら入堂

金剛杵を持ち、金剛鈴を鳴らす

法螺を吹く

念珠をかかげる

法剣を構える

印を結ぶ

比叡山へ向かう道の途中にある北白川地蔵谷不動院。

護摩供養は、毎月二十八日と第二日曜日に行なわれている。祈願申込者には随時、護摩を焚いているとのこと。

境内には温泉が湧いており、入湯、休憩ができる。

北白川地蔵谷不動院

京都市左京区北白川地蔵谷町一―二四四

散米《さんまい》

うちまきとも。祓《はら》えのときに散じたり、神拝《しんぱい》のときに神前でまいて献じたりする米のことをいう。天孫降臨のとき、天孫が稲穂を抜いて四方に投げたら雲霧が晴れたといい、これが散米の起源であるとされる。

『今昔物語』には散米の次のような霊験が述べられている。幼児の側に乳母が乳を与えて添い寝していると、夜半に丈五寸（十五センチ）くらいの装束を着た男十人くらいが、馬に乗って枕のあたりを通って行った。乳母は恐ろしいと思ったが、打ち撒きの米を摑んで投げかけると、その怪しげな存在はさっと散って消え失せ、打ち撒きの米には血が付いていたという。復古神《ふっこしん》道《とう》の大成者・平田《ひらた》篤胤《あつたね》によれば、小さな馬に乗った男というのは「豆つま」という妖怪であり、稲の名は「生命の根」というところから来たという説があるほどで、生命力に満ちており、当然、生々化々の霊気は邪陰の気を祓う作用があるので、散米には妖怪を祓う働きがあるという。

◆大宮司朗

かたしろ 形代

祓えをするときに人間の身代わりとしてつかう人形《ひとがた》のこと。これで身体を撫でたり息を吹きかけて罪・穢・災いを移し、川や海に流すのである。板とか茅などでも作られるが一般的には紙製が用いられることが多い。平安時代、宮中では毎月一日に七瀬祓《ななせのはらい》という行事が行われた。陰陽師《おんみょうじ》が奉った人形に、天皇が息を吹きかけ身体を撫でまわし、川や海の辺に持って行き祓えをしたのである。

もっとも人形は祓えだけではなく、さまざまの禁厭にも用いられる。平田篤胤が仙童寅吉《せんどうとらきち》から聞いた話を記した『仙境異聞《せんきょういぶん》』には、昆布を人形に切って、呪う相手の名と年齢を記して、それに針を刺し、敷物の下に置いて、それに毎日座るようにすれば、相手が骨を病むことや、また同じく昆布で人形を作り、名を書いて、それを井戸の中に投げ入れると、その人物の姿が出現することが記されている。

ちんこんせき 鎮魂石

鎮魂石は、鎮魂帰神法《ちんこんきしんほう》中興の祖・本田親徳《ほんだちかあつ》の系統において、鎮魂をする場合に用いられるものである。鎮魂とは身の中府《ちゅうふ》に宇宙に充満する神気を招き鎮め、自らの霊魂を充実させ、上は国を治め、下は身を修め、さらには目に見えぬ神界の秘事を探査する基礎とされる行法で、その霊性・霊能を十分に発揮させる術である。

その起源は、本田親徳によれば、『古事記』に伊邪那伎命《いざなぎのみこと》が天照大御神《あまてらすおおみかみ》に高天原《たかまのはら》を治めなさいといって、御頸珠《みくびたま》の玉の緒をもゆらに取りゆらかして天照大御神に与え、大御神はこの珠を御倉板挙之神《みくらたなのかみ》として奉斎したという記事があるが、これは伊邪那伎命が鎮魂によって自らの霊魂を珠に付着させ、与え、祀らせたのであり、鎮魂法の霊的起原だという。

よって、鎮魂法を修するに際しては、まず鎮魂するための石つまり鎮魂石を入手しなければならないとされる。その石は直径五、六分位から一寸（一・五から三センチ）内外の円形の重く固い活き石である。活き石の判別は素人には難しいが、黒くて底光りのあるような石がよい。重量は七匁から十匁（二十六から三十八グラム）位のものが一等であるとされる。形は正円形のものを可とするが、これはなかなか得難く、正円に近いものならば是とされる。また本来は神界から奇跡的に授かるべきものであるが、修行の始めにおいては、神社の境内、または清明な山、川、海辺で探し出し、これを神授の石と見立てて用いればよいとされる。

鎮魂石が神授される状況はさまざまであるが、本田親徳の高弟の一人である長沢《ながさわ》雄楯《かつたて》の例を述べておくと、本田親徳に入門して間もないある日、某大神が憑き汝に鎮魂石を授けるとのお告げがあった。何時授けていただけますかとうかがうと明朝までに授けるとの返答であった。然るに、その夜更けとなったが何も起こらず、いったん就寝して夜明けに目覚めがどうということもなかった。はてどういうわけかと朝の掃除に取り掛かると、いつも用いるテーブルの上にちゃんと置いてあったという。

大宮司朗蔵

大麻《おおぬさ》

祓えの道具。祓串《はらいぐし》とも呼ばれる。榊《さかき》の枝に麻苧《あさお》や紙垂《しで》をつけたものや、幣棒《ぬさぼう》といわれる、六角または八角の白木の棒に紙垂をつけたものがある。罪や穢れがあると思う物や人や物に対して左右左と振って、その罪、穢れを祓って、直く、正しく、清明な物や身体となす。

榊が用いられるようになったのは、榊は常緑樹であって、常に生命力が溢れて、栄木であり、発展繁栄を表現しているからであるが、天照大御神の岩戸隠れのときに、天宇受女命《あめのうずめのみこと》が、天香具山の小竹葉を手に持って、神懸りしていることと関わりがあると思われるが、元来、古式では、竹の上部に穴を開け、細かく裂いた麻苧を垂らして制し、人や物を祓った後では、麻苧に息を吹きかけて、その後竹を中央から真っ二つに折って、川に流し、再度使用するということはなかったと伝えられている。

解縄《ときなわ》

祓えの道具。大祓詞《おおはらえのことば》奏上にしたがって、左綯《な》い・右綯いの細い縄の結び目を口で解いていく。左綯い縄とは左巻きにしてある縄の事で、右綯い縄とは右巻きにしてある縄の事である。「天《あま》つ菅麻《すがそ》を本刈《もとかり》断《た》ち末刈《すえかり》切《き》りて」のところか、あるいは「大津辺《おおつへ》に居《お》る大船《おおふね》を舳《へ》解《と》き放《はな》ち、艫《とも》解《と》き放《はな》ちて」のところで解くというのが本来であったようだ。

安倍晴明《あべのせいめい》で有名になった天社土御門神道《てんしゃつちみかどしんとう》では、参拝者に「縄解けの祓」としてやらせている。「夏越《なごし》の祓」などに参加した参拝者は左手には左綯い、右手には右綯いの縄を持ち、口で解き、そして解けた縄で身体を撫で邪気を拭い祓う。その縄は回収され祭壇へと運ばれ、「フッ！フッ！」と神主が縄の束に息を吹きかけ、ここでは、それより大祓が奏上されるのだ。

土御門神道「夏越の祓」における解縄

とくさのかんだから
十種神宝

『先代旧事本紀《せんだいくじほんぎ》』の「天孫本紀」によれば、饒速日命《にぎはやひのみこと》が天神御祖《あまつかみのみおや》の命を受けて、高天原《たかまのはら》から天磐船と云う飛行船に乗り、大空を翔行して河内の国（現在の大阪府の一部）の河上にある哮峰《いかるがのみね》に降臨した際に賜った「天璽瑞宝十種《あまつしるしみずたからとくさ》」のこと。瀛都鏡《おきつかがみ》・辺都鏡《へつかがみ》・八握剣《やつかのつるぎ》・生玉《いくたま》・足玉《たるたま》・死反玉《まかるかえしのたま》・道反玉《ちかえしのたま》・蛇比礼《へびのひれ》・蜂比礼《はちのひれ》・品物比礼《くさぐさのもののひれ》の十種をいう。天神御祖によれば、もし痛むところがあれば、この十種神宝を合わせて、一二三四五六七八九十《ひふみよいむななやここのたり》と唱えてゆらゆらと振ると、死人も蘇るという。元来宮中の鎮魂祭と深いかかわりのある重秘なものである。

饒速日命はのちの物部氏《もののべし》の祖神《おやがみ》で、その子、可美真手命《うましまでのみこと》に、十種神宝ならびに鎮魂の呪法を伝えた。可美真手命はその十種神宝を天武天皇に捧げ、さらにその十種神宝を用いて天皇皇后のために御魂を鎮める祭りを行い、御寿命の長久を祈ったのである。これが鎮魂祭のはじまりで、年ごとの十一月の中の寅の日、つまり新嘗祭の前日にこの祭りは行われる習わしとなったのである。十種神宝とその行法は物部氏が宰る大和の国山辺郡《やまべのこおり》布留の高庭の石上神宮《いそのかみじんぐう》に、後に伝えられたとされている。

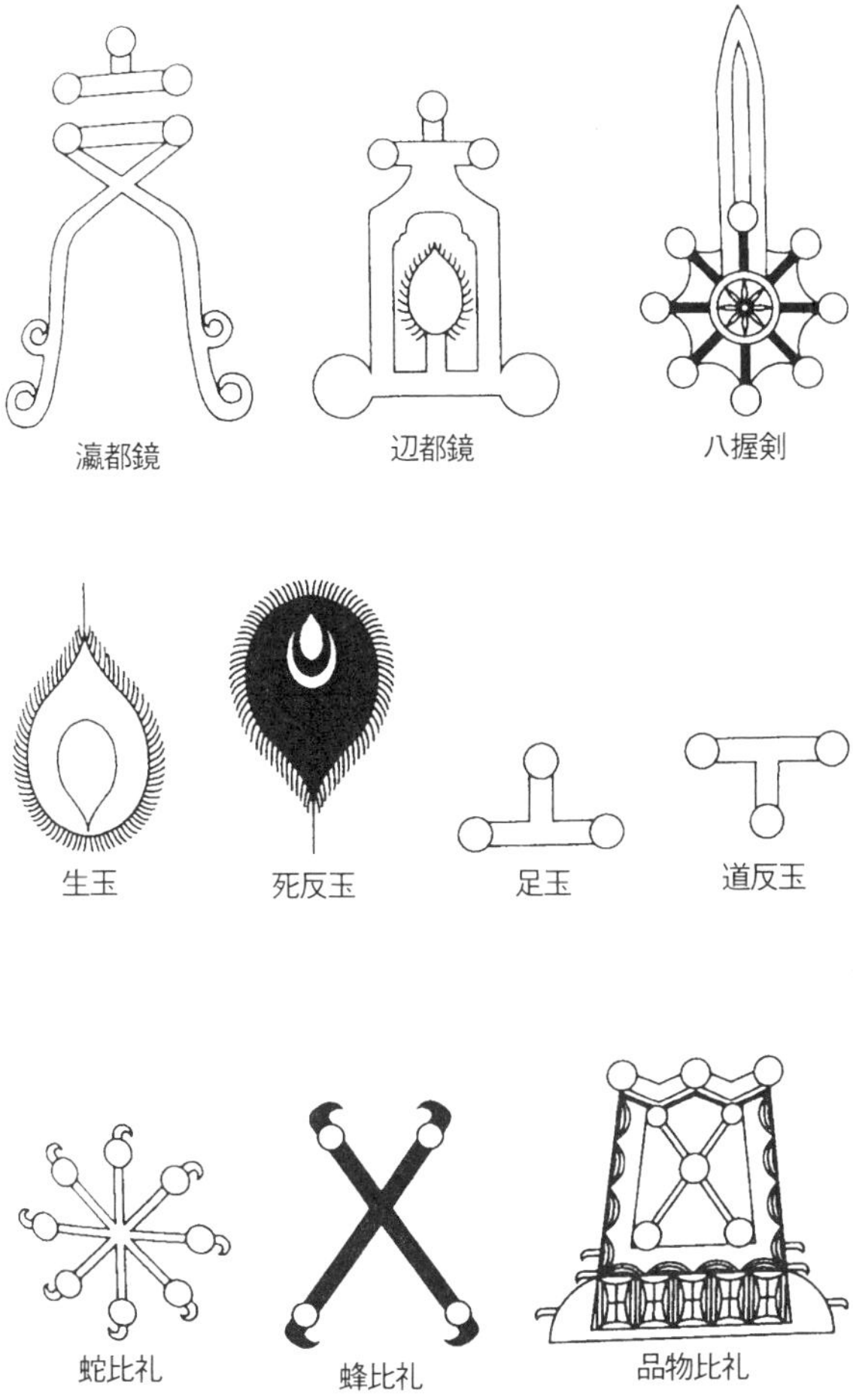
瀛都鏡
辺都鏡
八握剣
生玉
死反玉
足玉
道反玉
蛇比礼
蜂比礼
品物比礼

十種神宝

ひもろぎ 神籬

往古、神霊が憑依《ひょうい》すると考えられた山や森、老木などの周囲に常盤木《ときわぎ》（松・檜などの常緑樹）を植えて神座としたところをいう。また臨時に設けられる祭祀の施設。『日本書紀』巻の二「天孫降臨」の条に、天津神籬をおこしたと神籬という言葉を見ることができる。現在は荒薦《あらこも》の上に八脚案《はっきゃくあん》を置き、その上に木の枠をくみ、周囲に注連縄《しめなわ》を張り、中央に榊と幣をたて神の依代とする。こうした事情を考えると、神籬という言葉は用いられていないが『古事記』において、天照大御神が、天の石屋戸に隠れた時に、八百万の神々が、五百箇真賢木《いおつまさかき》に鏡、玉、青和幣《あおにきて》、白和幣《しらにきて》を付けて、祭を行ったことが記されているが、それが現在神社などで用いられている神籬の起源とするのが正しいかと思う。賀茂別雷神社《かもわけいかずち》（上賀茂神社）の御阿礼《みあれ》神事などで使用されている。

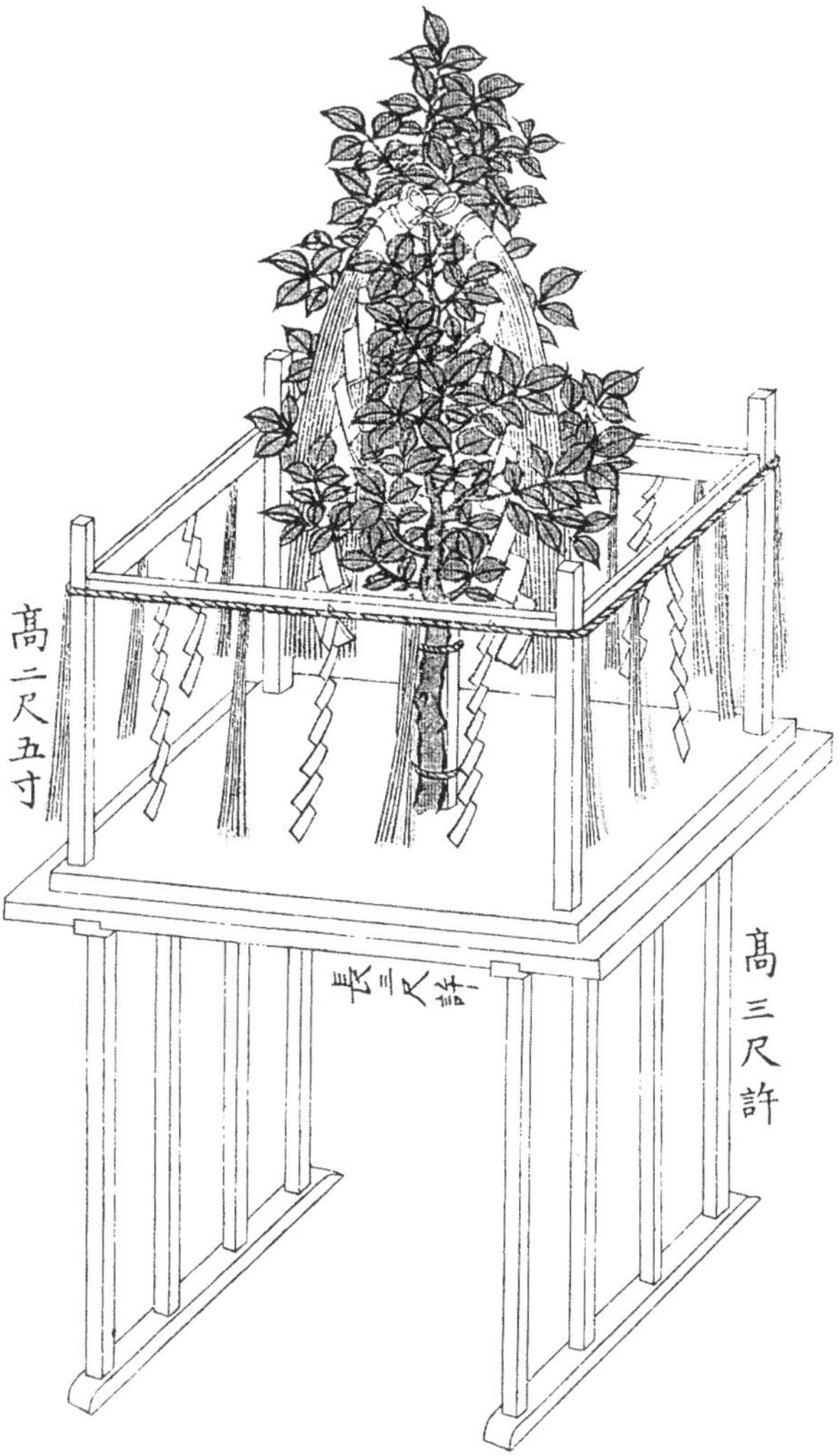
高二尺五寸
長三尺許
高三尺許

斎竹《いみだけ》

葉のついた青竹を四方に立て、これに注連縄《しめなわ》を張り紙垂《しで》をつけたものをいう。竹には注連縄が張られているが、『古事記』には天照大御神が天の石屋戸に隠れた時、「天手力男神《あめのたちからおのかみ》、その御手を取りて引き出す即ち、布刀玉命《ふとだまの》、尻《しり》くめ縄をその御後方《みしりへ》に控《ひ》き度《わた》して白《まお》しく、『これより内にな還《かえ》り入りそ』」と天照大御神が二度と石屋戸に籠もらないように注連縄を張ったことが記されている。神事などを行う場合に、その神事の行われる場所が神聖で清浄な場所であることに示すために設置され、よって通常、神社の遙拝所、祓所、また斎場などに斎竹は立てられる。

なお祭祀の場合に神社の参道の入り口に二本の斎竹が立てられるが、これはそれより内部は清浄な区域を示す意味合いと、茅の輪《ちわ》などと同じように、この下を潜ることによって、参拝者は清められるのだということになっている。

ちなみに、霊的な感覚のある人は、この青竹が四方に立てられて、注連縄が張られた他と区別される領域に入ると、まるで違った空間に入ったような霊妙な感覚を生じることが多い。

ひゃくどいし 百度石

神仏に祈願するために百度参詣することを百度参りという。元来は百日間にわたって参詣するものであったが、一日に百度参詣する簡略化したものとなった。その目安として立てられたものが百度石である。そこから祠堂までを往復参拝するのである。また、回数を数えるために掛札《かけふだ》というものを用意している社寺もある。いつごろから始まったか定かではないが、『永昌記』や『中右記』にも見られることから平安時代には行われていたと思われる。

この百度参りにもいくつかの作法があり、元来は人のいる昼間などに行うものではなく、水垢離《みずごり》の後に、単身、素足で、深夜に、誰かに目撃されないようにして、鳥居（あるいは百度石）から社までを百回往復し、そのたびに祈願をすることになっている。

百度石

石笛《いわぶえ》

石笛あるいは岩笛とは読んで字の如く、石でできた笛である。石笛の形状は一様ではない。岩笛は縄文時代の遺跡からも出土しており、それは舞踏に際して音楽を奏でる楽器でもあり、呪術や祭祀具としても用いられたと考えられている。

石笛が世間によく知られるようになったのは鎮魂帰神の中興の祖とされる本田親徳が神示により琴の代わりに鎮魂帰神法に岩笛を使用したことによる。もっともそれ以前に平田篤胤がその著書に石笛について記しており、某神社で得た石笛を貴重なる神物として大切にしていた。親徳は篤胤の影響で石笛を用いるようになったものと推測される。

篤胤はその著『古史伝』に「八重事代主神は天石笛を製りて、皇美麻命に奉りて、祝ひ給ふ」「天石笛は、磐もて製れる笛なり」「天石笛と云物の、大凡の形は、歌口のかた細く、末太く開きて、横に穴なく、謂ゆる螺角《ほら》に似て、石なるものと知られたり」と天石笛について記している。

石笛の形状は、篤胤がいうように円筒形の物もあれば、球形の物や不定形の物もある。穴が貫通したもの、貫通しないもの、単孔、複孔に分類される。また自然孔と思われるもの、人為孔と思われるもの、いろいろとあるが、鎮魂帰法に用いるものは固い活き石の自然石で加工がされてなく、「ユー、ユー」といった感じの音のするものが望ましいとされている。

大宮司朗蔵

火打石《ひうちいし》

火打石は、切火清祓法《きりびきよばらいほう》に、つまり火によって罪穢れをなどを祓う場合に、火切金《ひきりがね》（火切鎌《がま》ともいう）と共に用いるものである。明治の時代において肉体を以て幽冥界《ゆうめいかい》に自在に出入していたとされる神仙・宮地水位《みやじすいい》の伝によれば、清めに用いる火打石は巷間流布のもののように単に火が出さえばよいといったものではなく、和火を発する石質のものを選ばなければならないことになっている。であるから俗に用いられている真っ白な火打石、真っ黒な火打石などの只堅いだけの石であってはならない。やや軟質の火打石に和火を切り出すに適当なものが存するのである。

またまたこれまた神界出入者の一人とされる紫龍仙道人《しりゅうせんどうじん》によれば、迦具土神《かぐつちのかみ》の血が湯津石《ゆついわ》村に走《たばし》り付いた古伝に基づき、火打石は血のような色を含んだものが良いとされている。また神具店等で入手した火打石と火切金を清めずにそのまま用いている人がいるようだが、当然店頭にあるものは様々な人が触っており意外な穢れを持つことが多いので、天之真名井《あめのまない》の水を以て清める必要がある。その製法を知らないかたは、普通の水に塩を少量入れて代用してもよい。

大宮司朗蔵

銭亀御守

朝護孫子寺本堂

信貴山《しぎさん》朝護孫子寺《ちょうごそんしじ》の塔頭、千《せん》手院《じゅいん》には、全国で唯一、金運を運ぶ神さま「銭亀善神《ぜにがめぜんじん》」が祀られている。「金運招福銭亀御守」と「壱億円札」が入った「銭亀御守」を授かり、石臼にのせ、「南無銭亀善神」と唱えながら石臼を右に廻すと金の廻りがよくなるという。

信貴山千手院
奈良県生駒郡平群町信貴山

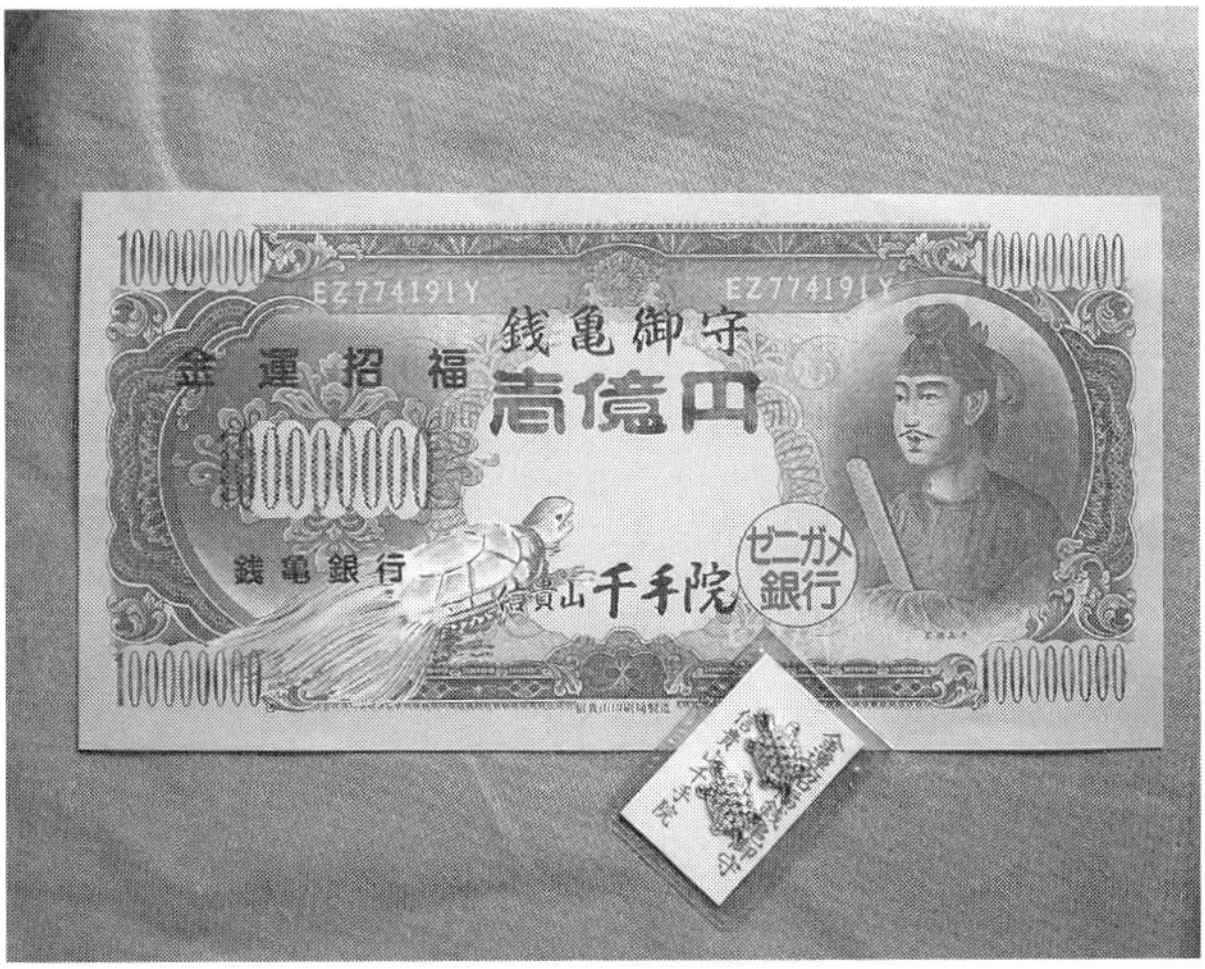
EZ774191Y
銭亀御守
金運招福
壱億円
1000000
銭亀銀行
千手院
ゼニガメ銀行

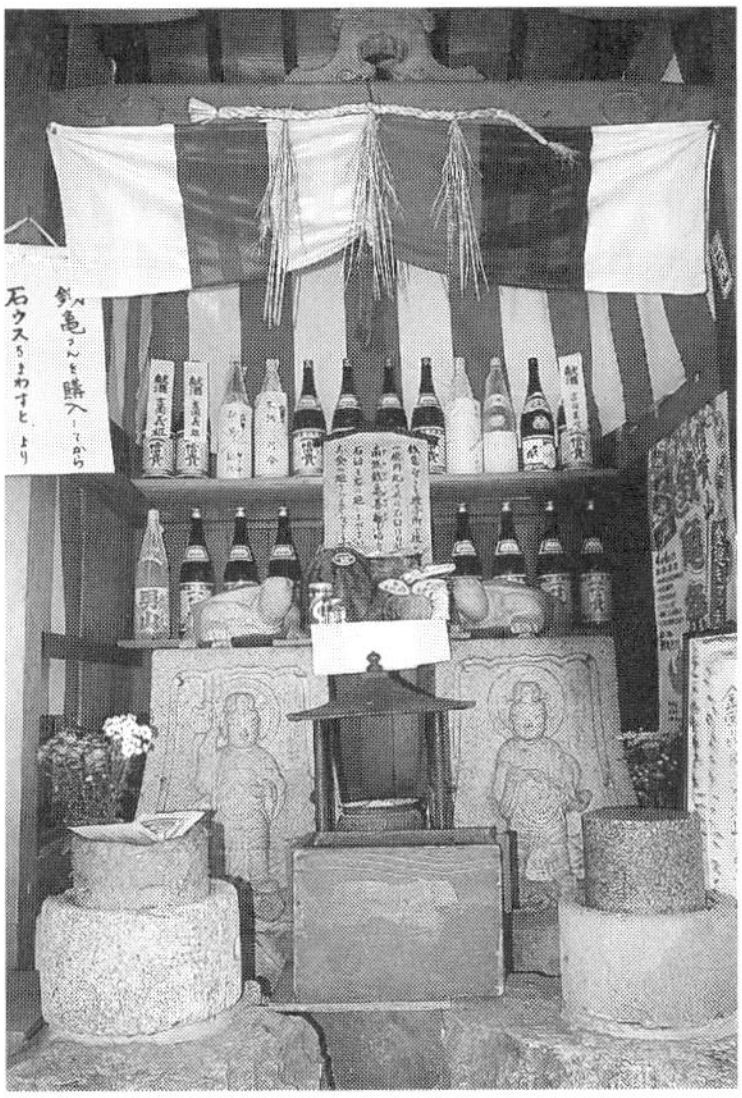

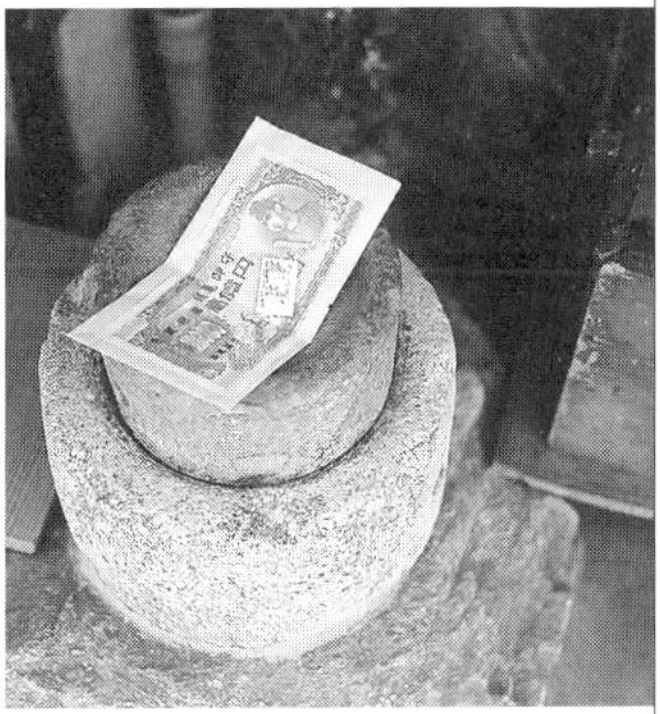

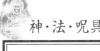

断ち絵馬

生駒山宝山寺《いこまさんほうざんじ》の大聖歓喜天《だいしょうかんぎてん》は「生駒の聖天《しょうてん》さん」と呼ばれ、人気・商売の神さまとして多くの人々の崇敬を集めている。境内絵馬堂には、酒やギャンブルなど「断ちもの」を祈願する人々が願いを込め、「心」の字に鍵を書いた「断ち絵馬」を奉納している。

生駒山宝山寺
奈良県生駒市門前町一―一

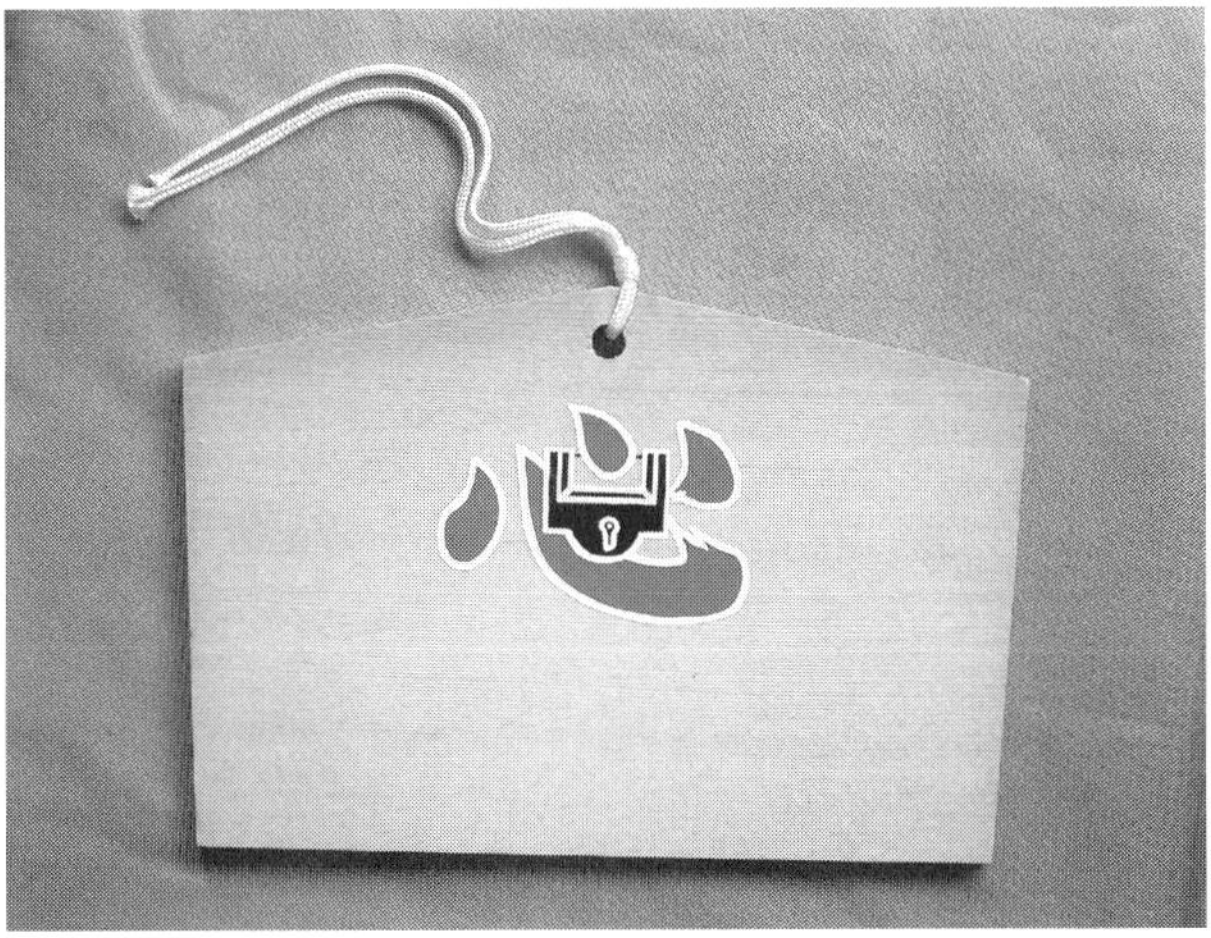
心

辨財天開運通宝

昔、遊郭があった中書島というところに建つ真言宗のお寺、長建寺。本尊は八臂辨財天。

古銭と貝を表裏に象った宝貝御守は、他の社寺には見られないもの。種《たね》銭《ぜに》としてこのお守りを財布に入れておくとお金が貯まるといわれる。

長建寺

京都市伏見区東柳町五一一

開運
安全
御守
京都・伏見
辨財天
長建寺
東光山
辨財天
長建寺

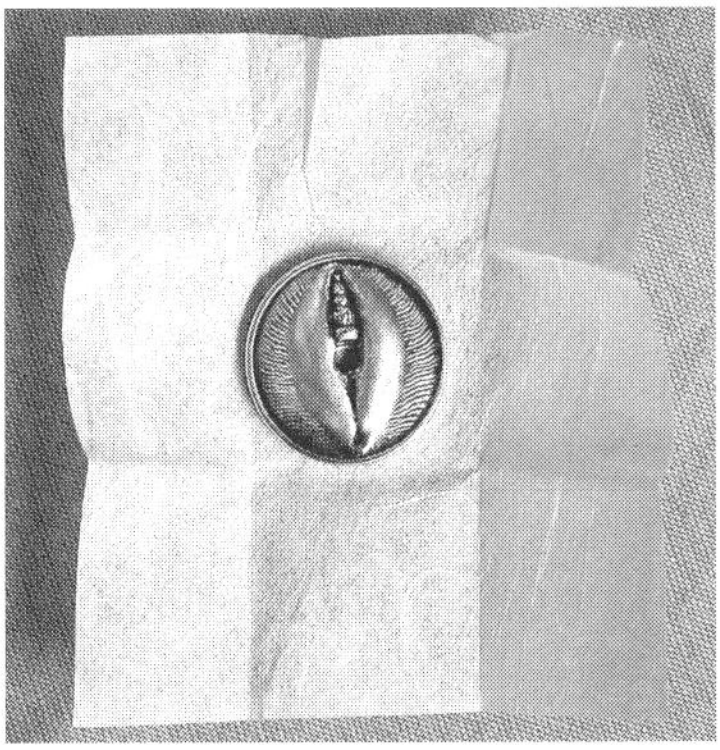

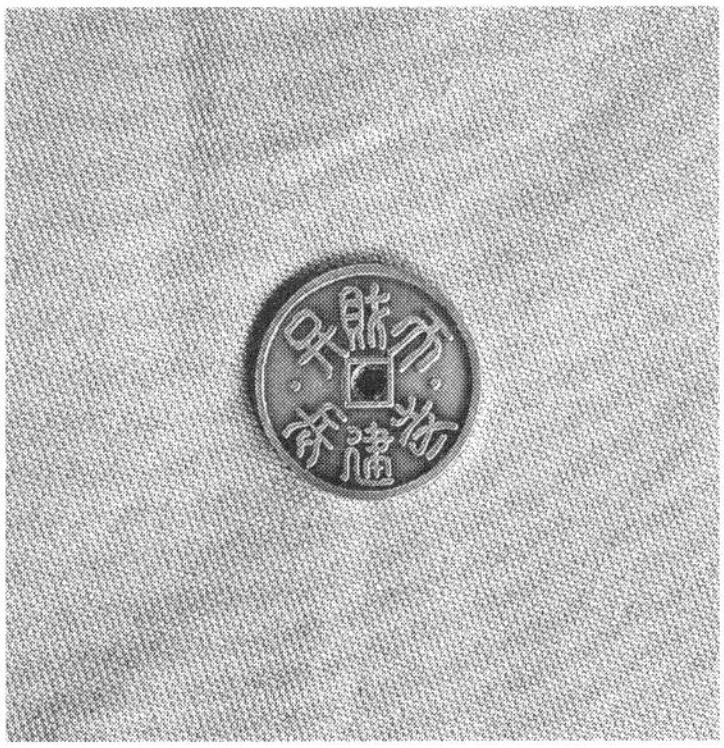

五大力尊御影

聖護院門跡《しょうごいんもんぜき》の塔頭、積善院準提堂《しゃくぜんいんじゅんていどう》では、本堂に祀る秘仏五大力尊《ごだいりきそん》を毎年二月二十三日にだけ開帳して法要を営んでいる。この日、五大力尊の御前に、分身御影のお札を積み重ねて、国土守護、諸難消滅の祈禱を行なう。このお札は、災難除け、盗難除けのお守りとして各家庭の出入り口に祀るという。

積善院準提堂
京都市左京区聖護院中町一四

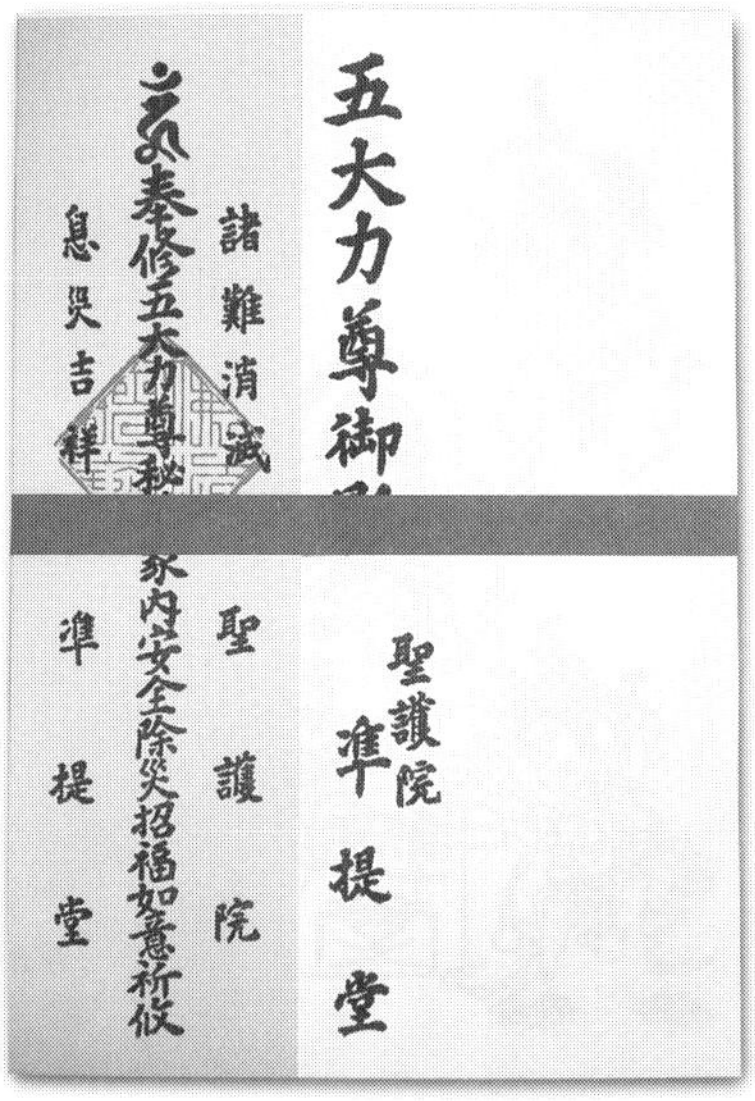

五大力

輪王寺観音堂（香車堂）

日光山輪王寺の観音堂（香車堂）には将棋の香車《きょうしゃ》の駒が奉納されている。安産祈願をしてその駒を借りて帰り、願いが叶ったらより大きな駒を作って、借りた駒と一緒に奉納する。香車が前にしか進めない駒であることから、安産のお守りとなったようである。

輪王寺観音堂（香車堂）
日光市山内字仏岩

夜叉門

香車

祈願の御石

「みてら」と呼ばれる皇室ゆかりの寺、京都・泉涌寺《せんにゅうじ》の塔頭、来迎院《らいごういん》にある「祈願の御石」。

お願い事を書いた石を持って弘法大師像の周りを三度まわり、その後、石碑の梵字（ア字）に石を当てて、祈念してから納めるようにという。

泉涌寺塔頭　来迎院境内
京都市東山区泉涌寺山内町三三

祈願の御石
お願い事を書いた御石を持って
御大師様の像の周りを三度巡ります。
その後、前にある石碑の
梵字に御石を当てて
祈念してから納めて下さい。

伏見稲荷大社

おもかる石

千本鳥居を抜けて「奥の院」へ。奥社奉拝所の脇に一対の石灯籠がある。この灯籠の前で願い事を祈念して、灯籠の空輪（頭）を持ち上げ、そのときに感じる重さが、自分が予想していたよりも軽ければ願い事が叶い、重ければ叶い難いとする「試し石」。

伏見稲荷大社
京都市伏見区深草藪之内町六八

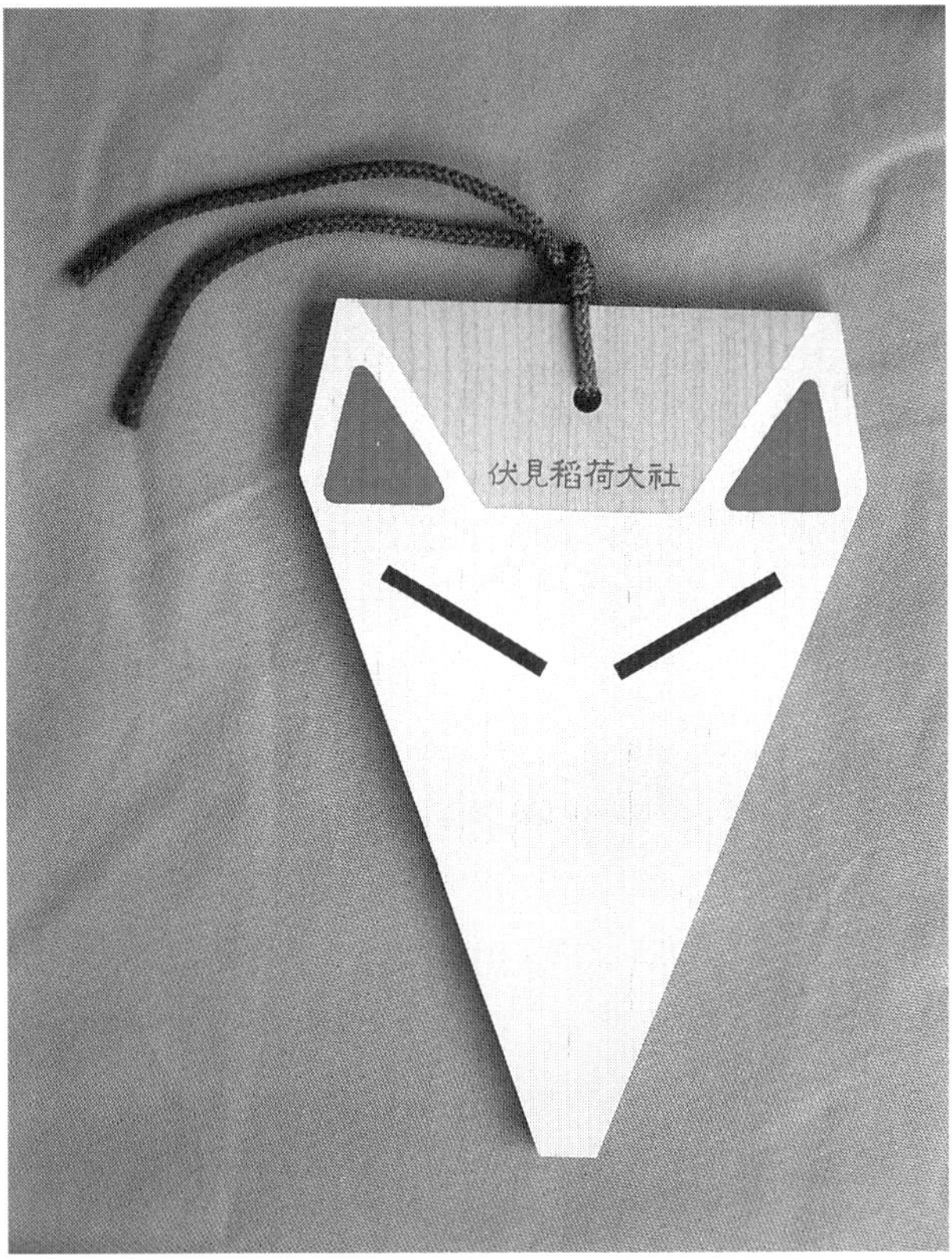

キツネの顔の絵馬

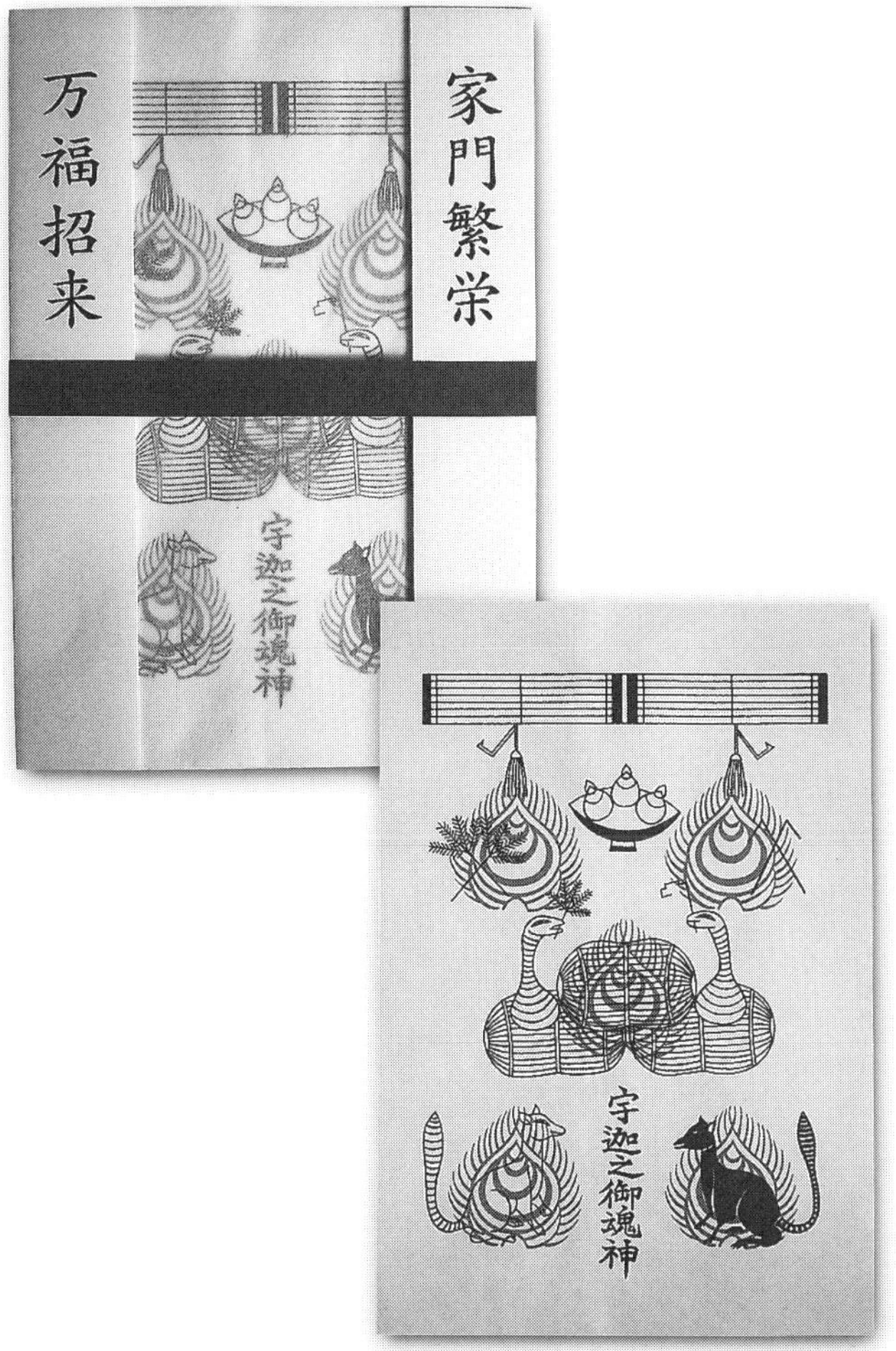

御絵札

葬送と供養の呪具

◆大森義成

お釈迦《しゃか》さま在世のインドの話である。

子供を病気で亡くした母親キサーゴータミーが、その悲しみのあまりに亡骸《なきがら》を抱きながら「だれか、この子を生きかえらせる薬を下さい」と狂乱し、彷徨していた。

見かねた周囲の人より「お釈迦さまなら何とかしてくれるかもしれない」と聞き、母親は早速その御元を訪ねた。

お釈迦さまは、母親の訴えをひとしきり聞いたところで「よしわかった。その願いを叶えるには、今まで一人として死者を出したことのない家より、芥子《けし》の実を一粒もらってきなさい。そうすれば生きかえる」と教えられた。

喜んだ母親は、一日中、町を歩いて民家を巡った。しかし、一軒も過去に死者を出したことのない家はなかったのである。芥子の実を得ることのできなかった母親は、お釈迦さまの御元に戻り、「人は必ず亡くなるものなんですね」と告げた。正気に戻ったので、やっと子供の葬儀を出すことができ、彼女は仏弟子になったのであった。

「死」とは、日常のなかで頻繁に起こっている。道を歩いていれば、葬儀の場面にも出くわすし、車を運転していれば、横を霊柩車《れいきゅうしゃ》が走っている。ただ、自分の身近にそれが起こらないと、どこまでも他人事のつもりでいるのである。

ところが、自分の周囲や関係の有るところで、突然に「死」が起こると、まずは気が動転して、それを受け入れることができないのである。それが数年も、いや人によっては一生引きずる方もいる。

身近な人が亡くなると、遺族や友人は、喪失感にさいなまれる。その悲しみ、苦しみから癒され、立ち直る作業を「グリーフワーク」といい「喪《も》の仕事」などと訳されている。仏教の立場からいえば、愛《あい》別離苦《べつりく》の克服であろう。そして、葬儀や法事は、それを助ける役割を果している。もちろん、それらは故人の供養のためではあるが、生者死者ともに導くのが、仏教の儀式なのである。

冒頭の説話の通り、お釈迦さま自身は言葉による説得ではなく、体感を重視された。同様に、仏事における諸道具は、それを用意したり、見ることで故人を成仏《じょうぶつ》へと導くのと同時に、遺族の愛別離苦を緩衝させるのである。実際にキサーゴータミーのような境遇の方に、お釈迦さまと同じ教化をすることは難事であるが、仏事・仏具が仏の代わりにそれを行ってくれるのである。

ここで一ついえるのは、これらの儀式や道具は、死後における故人の人格を認めることを前提にしている。それは故人がこの世から完全消滅するのではなく、形を変え人格を保全していくということである。

物質的な死を迎えても、人格は消失せずにいるが故に、それに対して戒名《かいみょう》（法名《ほうみょう》）を授けたり供物を供えたりするのである。

戒名（法名）を具象化させる物に「位牌《いはい》」がある。

元来は儒教《じゅきょう》から出たものであるが、江戸期以降は檀家《だんか》制度とともに普及していった。浄土真宗《じょうどしんしゅう》では、位牌を用いずに、法名軸《ほうみょうじく》や過去帳《かこちょう》に戒名を記入している。ただ、これも位牌と同一原理で、故人の人格を認めている証拠である。つまり「名《な》は体《たい》を表わす」で、戒名を何物かに書き記すことこそ、仏教的には仏弟子《ぶつでし》となった故人を象徴することなのである。

一般的には、亡くなってから四十九日までは白木の位牌を先祖の仏壇とは別に祀る。昔は野辺《のべ》送り用の野《の》位牌と、家で祀る内《うち》位牌があったが、今では田舎でしか見られなくなった。野辺送りがなくなったので、必要なくなったのである。

これも今では少なくなったのだが、内位牌には、薄絹様の袋などをかぶせておき、四十九日までの七日七日ごとの法事の度に上にあげていった（地方によって異なるところもあるが）。これは、微細の煩《ぼん》悩《のう》より故人が脱していくさまを表わしていると伝えられている。

四十九日の法事では内位牌（仮《かり》位牌）より塗《ぬ》り位牌に改め、仏壇に収める。それまでは中陰壇《ちゅういんだん》に祀ってある。

平田篤胤《ひらたあつたね》の『出定笑語』には、仏壇の正面、上段には各宗派の本尊を安置し、親先祖の位牌を下段に祀るのは、先祖に対する不孝である旨が記されている。しかし、これは仏壇が元来、仏教信者が、寺院に参詣できない時に家で礼拝するために祀ったもので、いわば、寺院のミニチュア、仏国土《ぶっこくど》のシンボルだということを知らないためだからである。

生前、仏教徒で本尊を礼拝していた人が、死後も本尊の浄土《じょうど》に生まれるようにと、願いを込めて位牌を仏壇に祀ったのである。故に、四十九日を機に位牌を仏壇に祀りかえるのは、成仏や往生《おうじょう》を意味し、

葬送と供養の呪具

ひいては先祖の仲間入りだともいえる。

話は四十九日まで飛んだが、逝去時にもどる。

亡くなって、通夜、葬儀を迎えるまでに、枕経《まくらぎょう》があり、後に家族等の手で湯灌《ゆかん》をすませ、いわゆる「死《し》に装束《しょうぞく》」に遺体を整える。

これを見たことのない人は、ちょうど四国八十八ケ所のお遍路《へんろ》さんの姿を想い浮べていただきたい。実は、お遍路さんの装束は「死に装束」なのである。四国遍路はある種の儀死再生儀礼なのであるが、実際に道中で息絶えた時には、手にもつ金剛杖《こんごうじょう》を墓標に道辺に埋葬される。

金剛杖は、仏の智恵を表わし、上部には五輪塔《ごりんとう》（仏身のシンボル）が刻まれている。道中は杖があると、とても歩行が楽である。それになぞらえて、仏の智恵に助けられて、仏の世界へと導かれることを願って、故人にも持たせてあげるのである。

杖には、真言《しんごん》や経文《きょうもん》を記して、故人の滅罪《めつざい》を祈るのである。多くは般若心経《はんにゃしんぎょう》や大随求陀羅尼《だいずいぐだらに》や地蔵《じぞう》菩薩《ぼさつ》の種子《しゅじ》である。

最近では、この杖に遺族の故人に対するメッセージを書かせて、納棺させる寺院があったが、善い方便だと思う。ただし、真言を書くのも忘れてはいけない。

四国では金剛杖は弘法大師《こうぼうだいし》と同体であると信仰されている。杖を手にして歩むのは同行二人《どうぎょうににん》と呼び、杖すなわち弘法大師に助けられて霊場を巡拝する。四国八十八ケ所を一周すると大分に短くなり、弘法大師と共に歩んだ実感が湧くものである。旅館などでは、一番に杖の先を清めて床の間などに立てかけ、礼拝するのを作法とする。

現在は、道路もアスファルトに舗装されてきれいになった。ただ昔の草鞋ばきでは歩きにくくなったので、靴に変わってきたが、葬儀時では草鞋を故人に用いる。それも八ツ目の草鞋であり、これは八葉《はちよう》蓮台《れんだい》を表わす。山伏《やまぶし》問答にも、修験者《しゅげんじゃ》が八ツ目草鞋を履く旨が説かれるが、どちらにしても八葉蓮台を足下におくことは、仏像が蓮台に座している如く、仏の位に登る意味である。一足を一人が遺体に履かせるのではなく、一人が片方ずつを故実とする。

私の小僧時代に、枕経のために檀家宅に訪うと、喪主が出てきて開口一番「小僧さん、うちの仏さんに持たせるお金はいくらですか」と尋ねてきた。一瞬、何のことかと思ったが、よくよく話を聞くと「六文銭《ろくもんせん》」のことであった。今時は、寛永通宝《かんえいつうほう》などの穴あき文銭がないので、どうしたら良いのかと言うのである。「六千円で良いでしょうか」と喪主。「三途《さんず》の河の渡し賃が、江戸時代よりは値上りしているかもしれないが」といささか、冗談ぎみに、「金額ではなく、四角の穴があいた丸いお金の形に意味があるんです。しかし、今は文銭がないので、紙に六文銭を印刷してお棺に入れるのです」と答えた。しかし、それでは納得できないのか「じゃあ五百円玉を入れようか」というので、「穴あきのお金の方が、まだ代用になるから五十円玉の方が良いかもしれません。しかし、金属性の物を入れると、火葬場の方でいやがられるので、やはり、紙の六文銭にしておきましょう」と、やっと説得したのであった。

「六文銭」と聞くと、真田《さなだ》家の家紋を想像する方が多いかもしれない。

「六文銭」は六道銭《ろくどうせん》とも呼び、漢の国の風習であると伝えられている。昏寓銭《こんぐうせん》とも名づけられ、晩になってから故人が用いるように銭を墓に埋めたのが由緒だという。

今でも台湾などの寺院では「紙銭」というあの世のお金が見られる。それを爆竹などで焼いて、故人の霊に供えている。密教においても星まつりや土公供《どこうく》の時には、「紙銭」「銀銭」などと称する文銭が十から十二ほど連なった形をした紙のお金を供養する。星まつりでは、法要の終わりに、それを焼いて、天に輝く星たちに献げるのである。だから、実際の金属の文銭の代用に、紙に印刷した六文銭を持たせても、問題はないのである。

では、何故に、あの形のお金を入れるのかといえば、密教的解釈で相伝するところによれば、文銭は円形の中に方形がある。円は𑖪𑖽《バン》（金剛界）方は𑖀《ア》（胎蔵界）を表わし、それによって金胎不二《こんたいふに》の境地を受生せしむるという。また仏教の托胎観《たくたいかん》によるカラランの位（受胎後初七日間）の姿と伝える。前者の方が意味としてはうなずける。なぜならば、「三途の河の渡し賃」というくらいで、故人が六道の迷いの世界に転生したのでは意味がない。金胎両部の功徳をもって、六道より解脱《げだつ》するのだと解釈する方が素直なのではないかと思う。

この六文銭は、仏舎利《ぶっしゃり》を表す米粒と針と共に頭陀袋《ずだぶくろ》の中に入れて、故人の首にかけてあげる。頭陀袋には卍字《まんじ》を記す。中国の仏画などを見ると胸のところには卍字があるがこれである。卍字は吉祥《きっしょう》が集まる文字であり、密意では𑖦《マ》という梵字《ぼんじ》であるとしている。摩利支天《まりしてん》は種子が𑖦《マ》であるが、なるほどその手にもつ団扇には卍が画かれている。吾我不可得《ごがふかとく》という真理を象徴している。これは胸中に仏性《ぶっしょう》の在ることを示している。

針を入れるのは、その働きが鋭利で、どのような布でも、よく突き通すように、故人が来世において、必ず仏の深い境地に到達できる上根慧利《じょうこんえり》の徳を具わることを祈念するためであると伝えられている。

六文銭や針は、民俗学では古代の副葬品の名残りだとの説がある。すなわち六文銭は鏡、針は剣の変化だという。しかし、むしろこれらの所持品は、道中の必需品であり、他界へ旅立つ故人が困らないようにと持たせたと考えるのが自然かもしれない。

お遍路さんの姿で、とりわけ印象に残るのは、なんといっても白装束である。これを、「笈摺（おいずる、おいずり）」と呼ぶ。笈とは、その中に仏像や経巻を入れて背負うものである。被物や法衣の上から直接背負うと、すれてそれらが破れる恐れがあるため、笈摺を間に着《き》たのであった。それが、笈は背負わなくても、巡礼者などの行衣として転化していった。これには、「南無大師遍照金剛《なむだいしへんじょうこんごう》」「南無阿弥陀仏《なむあみだぶつ》」などを書き、各札所《ふだしょ》ごとで宝印《ほういん》を押してもらい、本人が亡くなった時には、経帷子《きょうかたびら》の代わりに遺体に被せたのである。

経帷子は経衣《きょうえ》ともいい、故人に被着させる浄衣《じょうえ》である。晒白木綿などに経文を書いて滅罪を祈るものである。三途の河の畔には脱衣婆《だつえば》と懸衣翁《けんねおう》がいて、死者の衣服をはぎとり、衣領樹《えりょうじゅ》にかけて、その人の罪の重さを計るとされている。そこで、経文を書いた帷子を被せて、滅罪を祈るのである。

ただ火葬の場合は、お経を焼く罪になるのではないかとの疑問が古来からあった。答えとしては、経《きょう》軌《き》には陀羅尼《だらに》や経文を身に帯ると功徳があると説かれているので問題はない。また、ある説に陀羅尼はともかく、経文を書くのは本意ではないとある。しかし、経文は受持するだけでも功徳があるので、何らさしつかえはない。

密教では、曳覆曼陀羅《ひきおおいまんだら》と呼ぶ、滅罪のための諸真言（例えば宝楼閣《ほうろうかく》陀羅尼や破地獄《はじごく》真言、仏眼《ぶつげん》真言など）を梵字で書いた白衣を衣類の如く縫い上げたものを用いる。縫い目を表にしたり、仕上げの縫糸の端を結ばないのを故実とするが、これは、ある意味の「逆さ事」であろう。

さて、一通りの用意が整って、これから旅立つわけだが、一つ忘れ物がある。「菅笠《すげがさ》」である。本来は道中の日照り、雨などをしのぐものである。その表には「迷故三界城、悟故十方空、本来無東西、何処有南北」と書きつける。葬儀の際の天蓋《てんがい》（今はあまり用いないが）や骨壺《こつつぼ》の蓋にこの句を記す伝があるが、天蓋は仏に対してさす傘であるから、それはそのまま故人の成仏を意味している。

ただし、笠や杖は古来からの鎮魂具で、墓にさしかける「忌中笠《きちゅうがさ》」などもあり、民俗学的には多様な意味もあり一定ではない。

準備の後には、いよいよ入棺させる。棺箱には座棺つまり直立で方形のものと、寝棺は横長で、横臥のまま仰けに入る二種ある。真言宗では𑖀《ア》字は方形で表わすので、棺を方形とみなしすなわち𑖀《ア》字と心得る。

今時は、ほとんど寝棺であるが、座棺の時は死後硬直しているので入棺に苦労した。そのような時は、光明《こうみょう》真言で加持《かじ》した土砂を遺体にすり込むと硬直が解けるという。また、足の親指を背屈させると筋肉がゆるみ、楽に安置させることができるとされている。

入棺の時刻の吉凶が伝わっているので参考までに紹介すると、子午卯酉の刻に死亡した者は、翌日の丑未辰戌の刻に入棺するのを吉とし、丑未辰戌、寅申巳亥に死亡した者は同様に丑未辰戌、寅申巳亥に入棺するのを吉とするとある。結局、二十四時間程たったら入棺すればよいのであり、現在ではまったく重視されずに、親族の都合で行われている。

曳覆曼荼羅

真言宗では、棺の底には、光明真言加持の土砂と敷曼陀羅を入れた上に、遺体を収める。

入棺前の遺体や棺上などに刀を置くのが見受けられる。「守《まも》り刀《がたな》」と称して、魔が寄らないためであると同時に、死者の魂魄を封印するためである。古来、亡くなったばかりの死者は「凶癘魂《きょうれいこん》」として、恐れられていた。これを封じておき、供養儀礼を行うことで鎮魂したのである。地方によっては「箒」を用いるところもある。これは、古来からの呪具であって、霊を払う力があると考えられ、さらに封じにも用いたのであろう。

私の知人が幼少時に、祖母の遺体に箒をななめに乗せてあるのを見て、母に問うたところ「おばあちゃんが起き上がらないためよ」といわれ、死者が起き上がるのかと恐怖を覚えたと述懐していた。これも、あながち間違いではない。

葬儀においては、様々な道具が用意されるが、近年は葬送の形態も変化し、姿を消していった物もたくさんある。そこで、現代でも比較的よく目にする物を取り上げたい。

いまだ残っている物の中に、「紙花《しか》」がある。これは、半紙を五センチ程の幅に細長く切り、横に一七センチに満たない程でたくさんに切れ目を入れ、青竹や棒など三十センチくらいの長さの物に、上の方から下向にまとっていくのである。

本数や用途は地方によって異なるが、一例ではこれを八本作り、四本ずつ小三宝や花瓶などを台にして立てる。二台を白木の位牌の両側に安置するのである。

お釈迦さまが入滅《にゅうめつ》される際に、東西南北に一双づつある沙羅樹《さらじゅ》の間に横臥された。入滅と同時に淡黄緑色の木の花の色が、灰色に変化したという。『平家物語』の冒頭「沙羅双樹《さらそうじゅ》の花の色、盛者必衰《じょうしゃひっすい》の理《ことわり》を顕《あらわ》す」でも知られている。紙花はこの沙羅双樹を形どり、故人をお釈迦さまの入滅になぞらえている。これも一つの成仏の儀礼である。

また葬送に用いられる特種な塔婆に六角塔婆がある。

六十センチに満たない六角形の塔婆である。別名を多羅卒塔婆というが、インドでは多羅樹をもって

葬送と供養の呪具

卒塔婆《そとば》を造っていたとの伝承から来ている。結集《けつじゅう》の時には仏教経典がこの木の葉に書かれたと伝えられている。いわゆる「貝多羅葉《ばいたらよう》」である。経蔵《きょうぞう》も、六角形に造られているのは、ここからきているとされるが、六道に三宝（仏法僧）のある意味と伝える。これに光明真言や弥陀三尊《みださんぞん》の種字、三身《さんじん》真言（アバンランカンケン、アビラウンケン、アラハシャナウ）を書く。

常の塔婆と異なるのは、五輪形《ごりんぎょう》ではなく、二重彫の筋に横に四通り切り込みを入れ、五区に仕切り、頂上を六方からそぎ、とがらせて、墨をもって黒く塗るのである。実は、六角塔婆は「男とうば」との別称があり、「男根」のシンボルである。つまり、先祖の霊魂の宿る象徴が塔婆に変化したものである。亡者に魔が入った時には、六角塔婆で打つと魔業が止むと伝えられている。

余談だが、つぎつぎと生まれてくる子供が死ぬ家がある。これを「輪子《くるまご》」と呼ぶ。この輪子を止めるために、宝篋印《ほうきょういん》陀羅尼を梵字で六角塔婆に記し、最後に亡くなった子供の墓地に逆さに打ち込む祈禱がある。また、先祖霊の怪異がはなはだしい時や家運衰退の著しい時も、朴の木製の六角塔婆を逆にして、すべて墓所に打ち込む祈禱もある。

仏事に墓はつきものである。ただし、仏教では「このようなお墓を建てろ」などとは説いていない。たまに、書店で「仏教にもとづいた墓相」と冠している本を見かけるが、この言葉はかなり疑問である。ガンジス河の辺で、遺体を荼毘《だび》に付し、その後に河に流してしまうシーンが、時々テレビで放送されるのを視た方もいると思う。インド的な輪廻転生《りんねてんしょう》観では、死後私たちは生まれ変わるのであるから、古い着物を脱ぐのと同じで、もはや、用ずみの遺体はさっさと聖河に流したのである。

なかには聖者や貴族などきわめて特別な人は、立派な塔を建立し供養したが、それも極めて一部である。お釈迦さまも、仏舎利を祀るための仏塔が建てられ、その後には仏塔そのものが礼拝対象となった。

しかし、お釈迦さまそのものは仏弟子《ぶつでし》に葬送儀礼に関わることを禁じたので、塔や墓に対しては否定的であっただろう。

密教においては、『不空羂索神変真言経《ふくうけんじゃくしんぺんしんごんきょう》』巻二十八に、屍陀林《しだりん》（墓というよりは、遺体の捨て場）の遺体や墓地の塔に、光明真言《こうみょうしんごん》を唱えて加持《かじ》した砂を散布すれば、その功徳によって、亡者《もうじゃ》は罪障《ざいしょう》消滅《しょうめつ》し、浄土《じょうど》に生まれることが説かれている。

ここでは、墓そのものより、霊魂と接触するところ、供養の場としてとらえられている。したがって、墓石の吉凶を重視するよりも、墓参をしたり、また誠意をもって石塔を建立する行為に深い意義がある。それらは、先祖や故人を敬い、または追慕する心の具現化なのである。

中国における墓相は、遺体をどこに埋めるかを問題にしている。『陰騭録《いんしつろく》』という書物には、次の話がある。

代々渡《わた》し守《もり》をして生計を立てている一家があった。あるとき大雨で川が氾濫して人や物が流された。他の舟は流れてくる貨物を鈎にかけて取ったが、渡し守一家はもっぱら人を救うことをして、貨物は一つも取らなかった。この時、この一家を村人は馬鹿だとあざ笑った。しかし、その孫の代になり、ある日、神様が道者の姿に変化して、「お前の祖父には人助けの陰徳があったから、子孫は必ず尊貴となり世に現われるであろう。そのために墓をこれこれの土地に作って葬るがよい」と、某地を指し示したので、それに従い墓所を定めた。それからは、子々孫々にわたり官位や富を得て、賢者が多い家柄になったのであった。

これらの中国の墓相も、現代の日本の墓地事情では不可能に近いものである。ただ、この点からも墓石の吉凶にとらわれる必要性がないことが伺える。

葬送と供養の呪具

「根《ね》の国《くに》」「黄泉路《よみじ》」「地獄《じごく》」など、私たちの意識の奥深くでは、霊の世界が地下にあると認識している。故に、それらと感応《かんのう》しやすいのである。実際、古墳や古塚をいじったために、祟とおぼしき現象が発生したのを聞くことが多々ある。

昭和十九年、関東の某所の山林で、大きな松の木の根を掘ったところ、その根の間に兜《かぶと》の中に入った頭蓋骨が発見された。

掘り出したのは、山林の所有者であるA氏。松の木は樹齢五百年ほどで、当時の合戦で負けた、その地方の城主の首を、相手側にとられないように埋めたのであると推測された。松の木は目印として、その上に植えたのだと思われた。しかし、とても気味悪いので、再びそのまま地中へと埋めてしまった。ところが、これがA氏一家に振りかかる、不幸の前ぶれだったのである。頭蓋骨を見つけてから二年後。家族には、原因不明の病気や事故が続き、ついには家人の一人が亡くなってしまった。

あまり不幸続きなために、A氏は除災を祈るため、あちらこちらの寺社仏閣で祈禱修法を行ったが、その効果は表われず、不吉な現象は止まらなかったのである。万策つきて、弱りきったA氏の脳裏には、ふと二年前の不気味な体験、あの頭蓋骨のことが浮かんだ。

さっそく、頭蓋骨の埋めたところを土盛りして、塚として祀り、僧侶をたのんで読経《どきょう》回向《えこう》してもらった。手厚く、ねんごろな供養を修したところ、その日を境にして、薄紙をはがすが如く、病人はすべて全快し、あれほど起こった不幸も、不思議と止まったのであった。

後年、A氏はあの時のことを振り返り、やはり頭蓋骨を掘り出したが故の障《さわ》りであったと述懐されていたそうである。

墓地を改葬などで移動する際に拝む作法を「古墓移作法」「古廟移作法」という。

ある僧侶と、この作法のことが話題になった時、彼は「私は伝授を受けていないけれど、次第に口伝が書いてあるので、この作法を修していますよ」というので、「この作法は、祟りが起こるから滅多に修さないのが口伝なんだよ」と笑い話のようになってしまった。幸い彼はよく修法を行っていたので、障りはなかったようである。しかし、他の僧はこの作法後に、まったく何事もない平地で、足をとられ骨折に至ったこともあり、それが祟りかどうかは別にして、心して取りかからねばならないものである。

しかし、作法を行わなかったり、供養をしないで墓地を掘り起こすと、やはり障りがある恐れがあるので、どちらにしても拝まなければならない。その時には、修法する僧侶は自坊において、あらかじめよくよく供養を修してから、その墓地に行くのである。

筆者の先祖の中に、修験系の密教僧がいた。江戸末期の方であったが、法力があり多くの信者を集めていたと伝わっている。ある時、一信者夫婦が祈禱のためにお布施の額はこのくらいでよいだろうかと相談してから、彼の僧のところを訪ねた。ひとしきり拝んでもらい、さて御祈禱料はいくらでしょうかと問うと、彼の僧は「おまえさんたちが、朝、二人で話しあった、いくらいくらでよいよ」と告げたので、信者夫婦はその法力に大変驚いて、ますます信仰を深めたと伝えられている。

その後、彼の僧は明治の初年に関東の某所で入定したのである。しかし、大正になって、その地域が区画整理に引っかかった。僧の墓所も当たっていたのだが、特に拝みもせずに掘り起こし、移転してしまった。ところが、その町内の家の端から、一軒ずつ死人が出始めたのである。いわゆる「死神が走る」である。中には、次はうちの番かと、夜逃げする家も出るあり様であった。

ある夜のこと、その町内の某家の主人の夢枕に一人の白衣姿の行者が立ち、彼の僧の墓所と尊像を祀るべしと告げた。その話を町内でしたところ、講を作って、祀ることとなり、ついに怪現象は止まったのであった。その後、その墓所に参拝すると、一願成就の利益ありと現在でも信仰を集めている。時宗《じしゅう》の開祖、一遍上人《いっぺんしょうにん》は躍《おど》り念仏《ねんぶつ》で知られている。寺院だけでなく、神社などでも行っているが、中でも祖父の墓所において、鎮魂《ちんこん》儀礼として念仏会《ねんぶつえ》を修している。わざわざ墓所で行うところからも、故人の霊と一番接点があるのはそこなのだと考えていたのだろう。

お盆の時期になると、墓参に行く方が多くなる。普段は車で道路から一分位の霊園の入口まで、その時期は三十分以上かかり、盆参りで多忙な身としては「墓にも参ってくれ」といわれると閉口したものである。それはともかく、かねてからお盆の風習の中で疑問だったのは「迎《むか》え火《び》、送《おく》り火《び》」である。

仏事には地方性が強く、仏教に基づくというよりは、風習としての意味合いが強いので「迎え火、送り火」も場所によって日時や行い方が変わる。私のいたお寺の地域では、八月十三日の夕方、まず提《ちょう》灯《ちん》を持参して墓所に参拝する。そこで、提灯に灯をともして、そのまま帰宅する。今時はローソクの代わりに電球などを使っているようである。帰宅後には、また玄関前で迎え火を焚くのである。送り火は、その逆を十五日か十六日に行うのである。

仏教の観点では、故人は浄土などに往生《おうじょう》しており、それが叶わなければ六道《ろくどう》のいずれかに転生《てんしょう》するのだから、魂魄《こんぱく》の送迎には矛盾がある。また盂蘭盆《うらぼん》も、夏安居《げあんご》を了《お》えた衆僧《しゅそう》に供養して、その功徳を先祖に回向するものであって、特に霊を送迎して祭祀することそのものは重視していない。

それらを抜きに考えても、墓に送り迎えをして、ふたたび迎え火、送り火も焚くのは、どのような意義なのか。

諸説考えられるが、私は陰陽《いんよう》論の影響だと思っている。たましいを魂魄と一口にいうが、それは同一ではない。魂は生前は人の肝に在って、死後にはしばらく辺りを浮遊して、その後に天へと昇って行く陽性のものとする。一方、魄は生前は肺に収まっている。魄の白は朽ち果てた白骨を意味しており、死後には長く屍体にとどまって、それが朽ちて土に還るとともに、地へと帰る陰性のものなのである。もう、おわかりであろう。霊を送迎するために門前で火を焚くのは、天に昇った魂に対してであり、墓に行くのは、地に帰った魄を意識しているのである。

現在これらの風習や思想が仏教によらないとして、行わないのは真宗ぐらいであろうか。日本の寺院の多くは、先祖、故人を偲ぶ風習として大事にしている。また経験的に否定できないものも有ると思う。密教では山川の鬼神や餓鬼などの精霊を認めており、京都の大文字焼き、すなわち「五山《ござん》送り火」は、弘法大師《こうぼうだいし》が始められたと伝えられている。

墓石そのものではないが、墓にまつわるこんな話もある。

江戸時代のこと。ある村に十歳ばかりの子供がいた。寺参りなどして、子供ながら真言を授かったりもしていた。ところが、急な病で亡くなってしまった。葬儀も済み、しばらくしたところ、ある僧侶の夢の中に、その子供が出てきたのである。顔見知りだった僧侶の膝の上に乗ったりしていた。ふと「おまえは成仏《じょうぶつ》せずにまだウロウロしているのか」と尋ねると、「墓石の梵字が間違っているので、成仏できないのです」と答えた。「一体、どこが違うのか」と聞くと、子供は自分の体の二ケ所を指した。そこで、夢がさめたのであった。翌日、子供の葬儀を行なった寺へ行き、墓石をたしかめると、五輪塔の子供の指したあたりの梵字が間違っていた。さっそく、それを書いた僧を呼び、改めさせたのであった。

筆者も墓所で、いささか不思議な体験をしている。

故橋本徹馬師は、思想団体「紫雲荘」の主幹であった。師は生前、特に墓参の重要性を力説されていた。病気や災難の原因の多くを、故人の供養不足だとするところには、諸手をあげて賛同し難いが、

葬送と供養の呪具

『人生を楽観すべし』（紫雲荘刊）に代表される師の思想には、一時期筆者も大きく影響され、今でも尊敬している。

とにかく、墓相よりも墓参を重視されていたので、逝去後に師の墓所に詣でることにした。紫雲荘の方に、墓所のある寺を教えてもらい、品川の某寺へおもむいた。寺に着いて寺の方に詳しく、墓の場所を聞き、いわれたその場に行ったのだが、墓石がびっしり並んで、何度、墓地を巡っても発見できなかった。時はすでに夕刻で、墓石の字も見えにくくなり、もはや参拝は不可能とあきらめた。私は、その日のうちに京都に帰らねばならなかったので、しかたなく墓所の出口に向かった。しかし、あきらめきれないので「橋本先生、先生は平生に墓参の功徳を説いていたのだから、それが偽りなければ、どうぞ私を墓まで導きたまえ」と念じて歩いた。いよいよ出口というところで、ふと、後ろを振り返ると、何の変哲もない、一つの墓石に目が行った。「もしや」と思い、踵を返して急いでそこに行くと、果たして橋本徹馬師の墓だったのである。

『法華経《ほけきょう》』などの経典には、大地より宝塔や仏が出現することが説かれている。『法華経』見宝塔品第十一は、冒頭、七宝の塔が涌出するところから始まる。また、密教修法においては、本来、曼荼羅《まんだら》を直接大地に設け、仏天《ぶってん》を迎えて供養した。つまり、大地は仏天が顕現する場所なのである。

密教系の宗派では、位牌などに故人の戒名を記す場合には、必ず𑖀《ア》字を書く。子供ならば地蔵菩薩を表わす𑖎《カ》字を記す。𑖎字が表わすのは、密教の真理「本不生《ほんぶしょう》」あり、浄菩提心《じょうぼだいしん》であり、大日如来《だいにちにょらい》でもある。また地水火風空の五大では、地大に当たる。𑖎字は、そのまま地蔵であり、両者が共に「地」のシンボルであることからも、故人の帰する仏の世界と大地は密接なつながりがあることを意味している。

以前にも、不幸が続くあるお宅で、知人から「土地神が障《さわ》っている」といわれ悩んでいる、どうしたら良いかと相談されたことがあった。本当に祟っているのかは不明だったが、そういわれた不安が強いストレスになっていたようだったので、『安宅神呪経《あんたくじんしゅきょう》』を教えてあげた。このお経は、土公神《どこうじん》を始めとする土地の神霊や家屋に関する障りを除く功徳がある。

読者の中でも、これらに依る悩みをお持ちの方は、『安宅神呪経』を七日間、二十一日間、百日間と障りの軽重にしたがって唱えると改善に向かっていく。ただ七日間拝んで、改善の兆しが見られなければ、再度二十一日間などと決めて行うのである。その後、好転すれば、月一回ぐらい日を決めて唱えれば、より良くなるのである。下手に祈禱師や霊能者、陰陽師に依頼して、あとで高額な金品を要求されたとなげくよりは、自分の責任で改善の努力をすべきである。なぜなら、その土地に一番縁があるのだから。

『安宅神呪経』は、拙書『現世利益のお経』除災招福・家内安全編（原書房刊）に収めてあるので、参照していただきたい。

この他にも多様な道具があるが、紙数の都合で紹介できないのは残念である。また、その意味にしても、様々で一定ではない。それは、これらが古来からの風習や信仰、地方性や思想などが混在して生まれたからである。したがって今までの説明も、その一伝であるので、読者諸賢にはそう心得ていただきたい。

仏事にたずさわっていると、たまに仏事そのものに迷う方に出会う。例えば自分の田舎と現在住んでいるところの用意が異なっていたり、親戚のいうこともまた違うと、ひどい時にはノイローゼになってしまうこともある。私は、それらの人には「仏事に迷うと故人様も迷いますよ。正しい答えはないのであり、これらは故人様を追慕する想いの表われだから、自分が一番スッキリする形を執りなさい」と説いている。

シビアな考えかもしれないが、はっきりいって、死後のことは生者にはわからないのである。これらの死者に対する儀礼は、やはり生者を救うためのウェイトが高い。昔から「七分獲一《しちぶんぎゃくいっ》」といい、故人に対する供養の功徳は、七分の一だけ故人に行き、残り七分の六は行なった人のところに来るとされている。

しかし、それでは仏事が故人の供養にはならないのかとの疑問を持つ方もいるかもしれないので、ここでも一つの故実を紹介しよう。

奈良県に信貴山《しぎさん》朝護孫子寺《ちょうごそんしじ》という、毘沙門天《びしゃもんてん》を本尊とする大霊場がある。このお寺には千手院《せんじゅいん》という塔頭《たっちゅう》があり、江戸時代の住職であった快雅《かいが》は法力殊勝《ほうりきしゅしょう》で知られていた。

ある時、次郎左衛門と称す男がいた。彼の妻は重病で、もはや余命いくばくもない状態であった。次郎左衛門は信貴山に登り千手院に快雅を訪ね祈禱を依頼した。しかし快雅が占ってみると、もはや定《じょう》業必死《ごうひっし》で回復は不可能と出たので、除病延命を祈願するよりは、心安らかに成仏できるよう正念往生《しょうねんおうじょう》を祈るべきだと告げた。それを聞き次郎左衛門も得心して、その祈禱を頼んだのであった。

快雅は千手院に祀られている本尊毘沙門天と十一面観音《じゅういちめんかんのん》の前にて、彼の妻のために罪障消滅、往生極楽を祈り、さらに「持戒清浄《じかいしょうじょう》の印明《いんみょう》」と称す印と真言を結誦《けつじゅ》して、回向したのであった。

その後、次郎左衛門からは何も連絡がなかったが、二ケ月ばかりして快雅がある僧侶の葬儀のため、山を下りて某寺に出向いたところ、そこで病者の母に会った。母が語るには「実は、信貴山で祈禱していただいた次の日、娘は臨終しました。その時、病床から娘が私にいうには、左の掌の上に五寸ばかり

毘沙門天像（千手院蔵）

十一面観音像（千手院蔵）

の毘沙門天、右の掌の上に十一面観音が現われました。有難い有難いと眠るが如くに往生しました」と、涙を流して、何度もお礼を述べられたのであった。

経典には故人の成仏の功徳が説かれているが、その実証として伝わる一つの話である。

世間には、霊障や祟りと称して、人の不幸事につけ込み金品を巻き上げる者がいる。また高額な仏壇や仏具、墓石を押しつける業者もある。しかし、よく考えれば、大昔からそれらの現象や物品があったのではなく、途中から生まれたものである。ある意味では心の闇の産物なのである。

私は長年に渡り、実際仏事にたずさわってきた。そこで、実感したのは真心込めて手を合わせることこそが一番の供養なのだということである。そして、諸道具はそれに付随するのであり、心がなくては無用の長物となるのである。

愛別離苦は、当事者にとって、本当に苦しいものであり、他人には決して理解できない。

現代社会では、生別死別を問わずに愛別離苦に苦悩する人々に対しての仕打ちは厳しいものがある。しかし、誰しもが例外なく、その苦は訪れるのだと知って欲しい。その時に苦しみから救ってくれるのは、今までどれだけ、他の苦しむ人をいたわってあげたかによる。

仏教では、「同悲《どうひ》」を説く。悲しむ人と共に悲しむことが、自分を導く功徳にもなるのである。

こんごうじょう

金剛杖

わらじ

草鞋

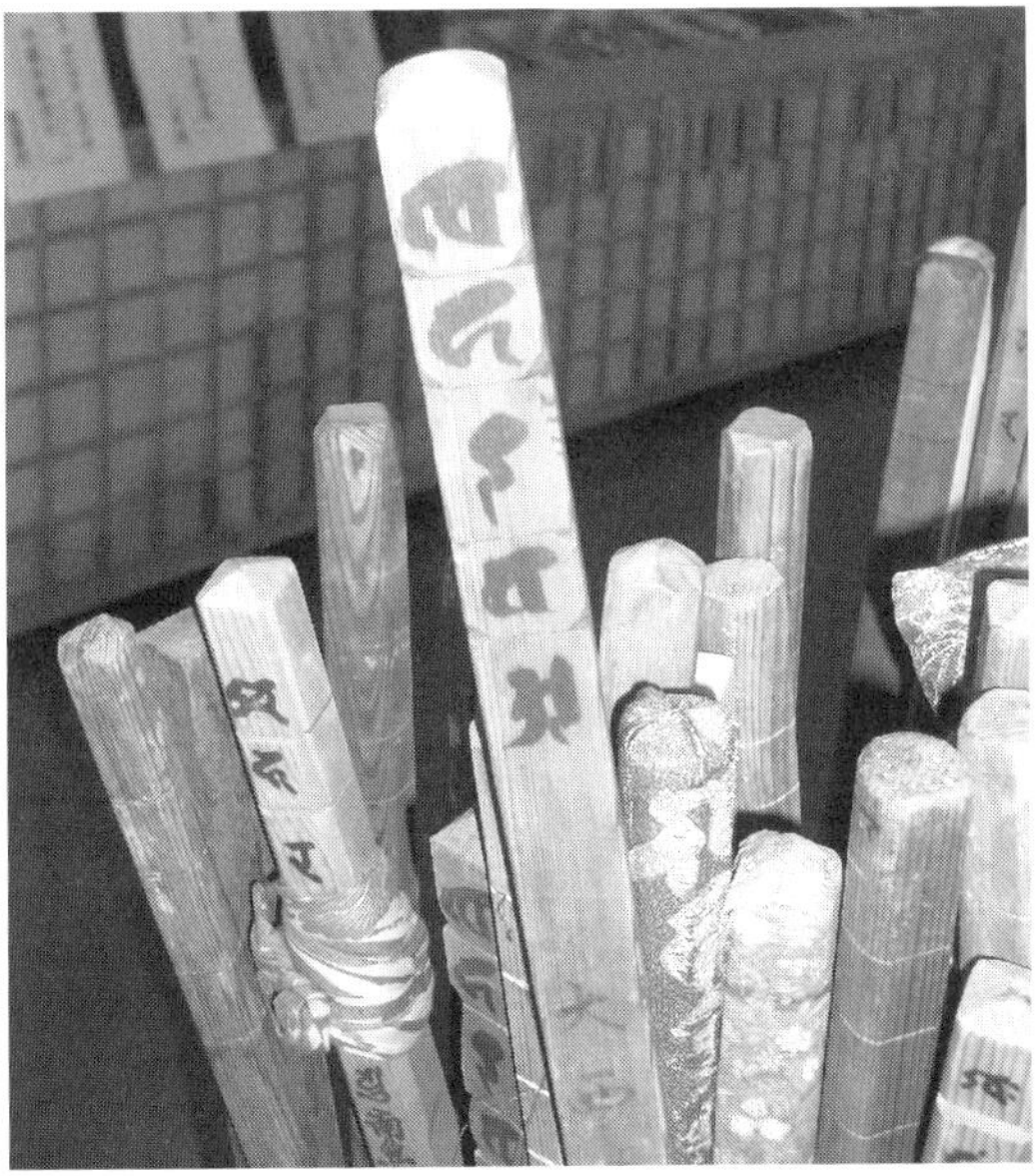

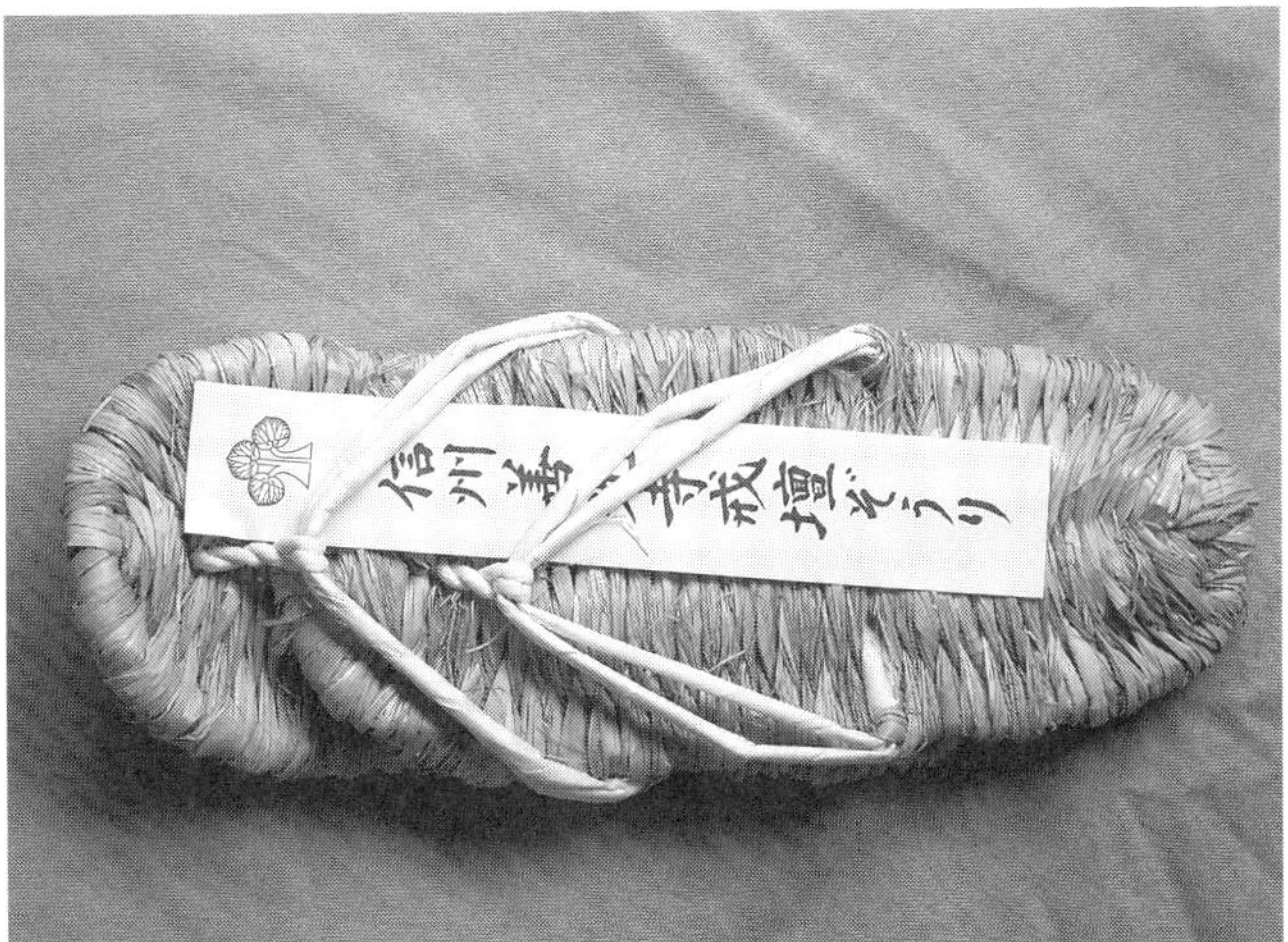

六文銭《ろくもんせん》

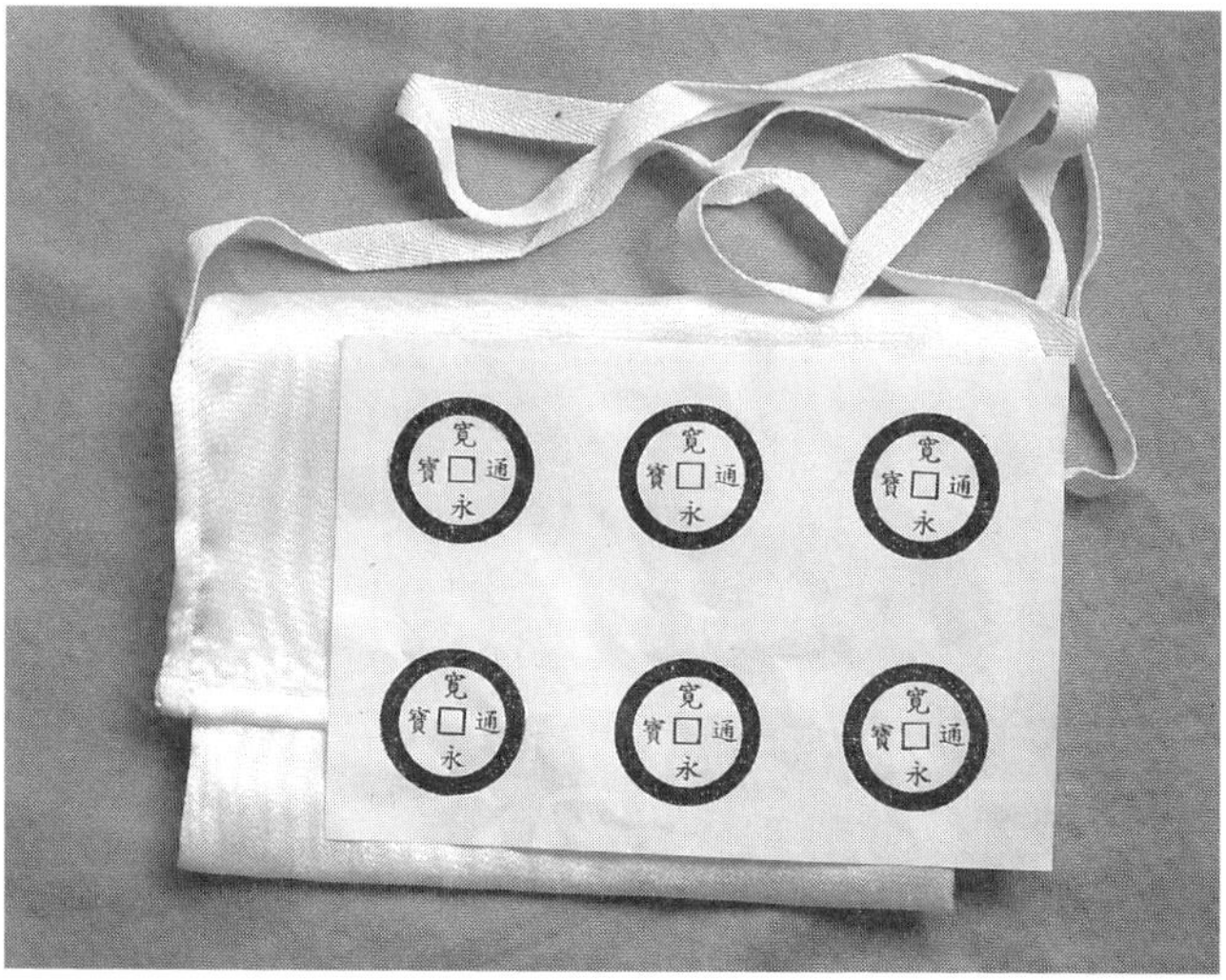

菅笠《すげがさ》

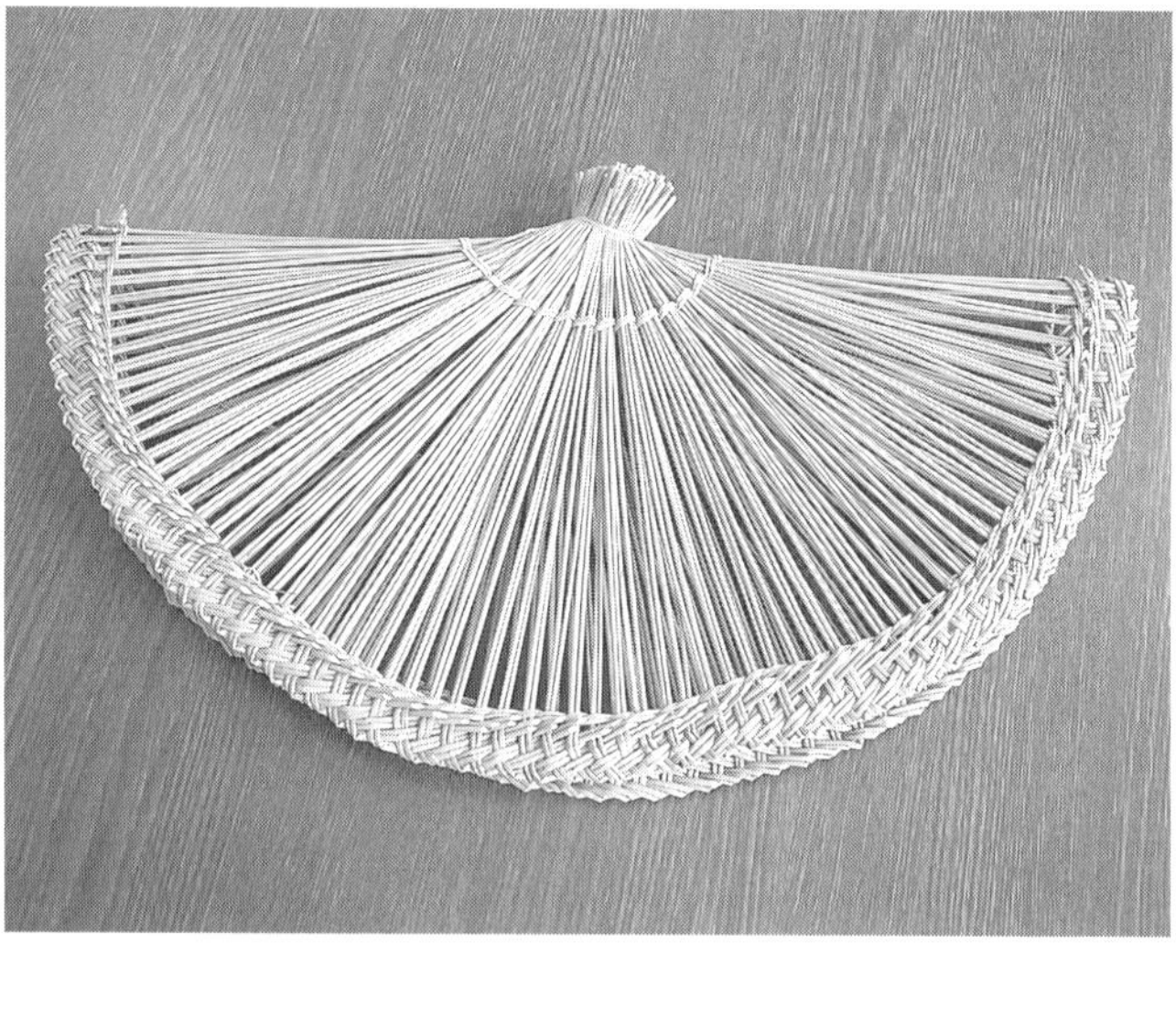

ろくどうせん

六道銭

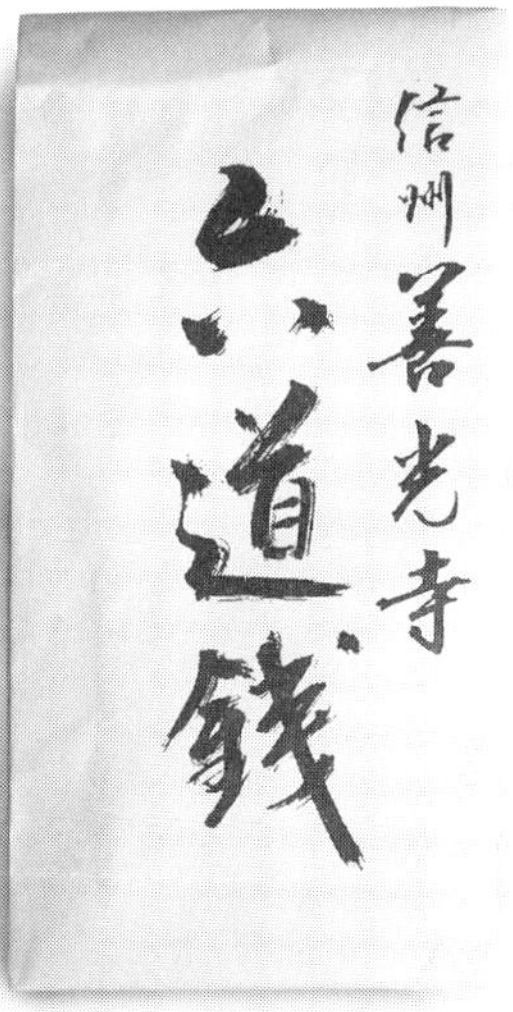

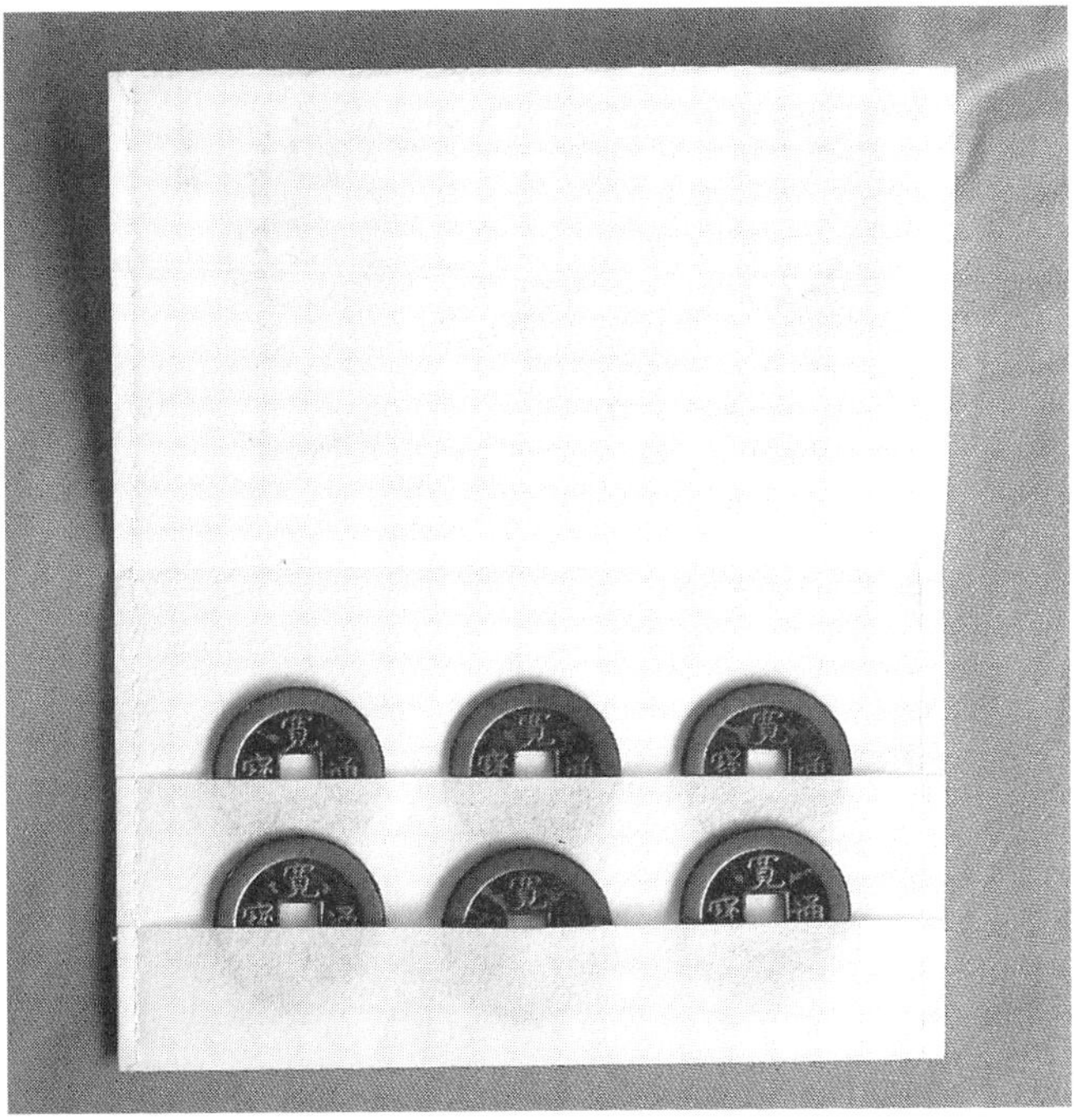

守り刀《まもりがたな》

経帷子《きょうかたびら》

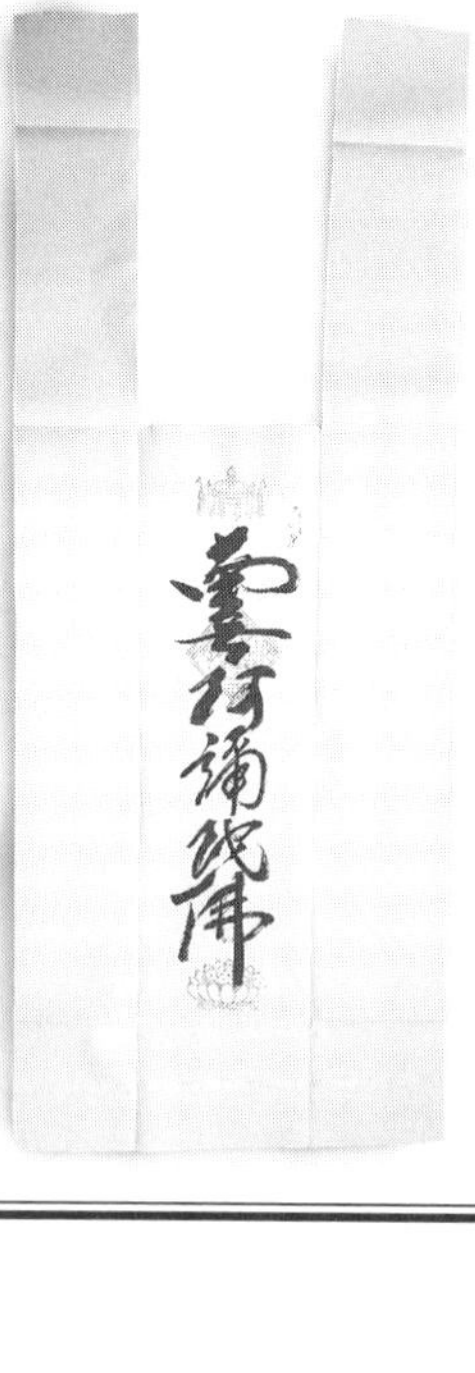

しか
紙花

ろっかくとうば
六角塔婆

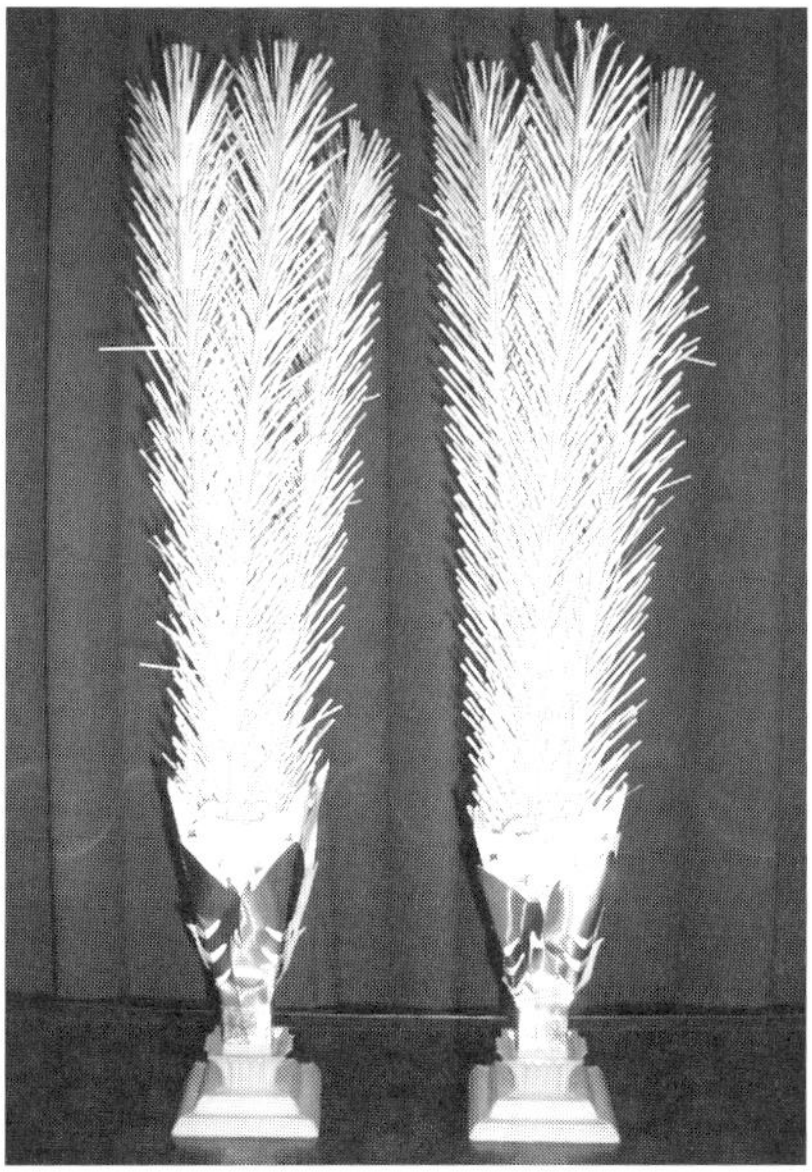

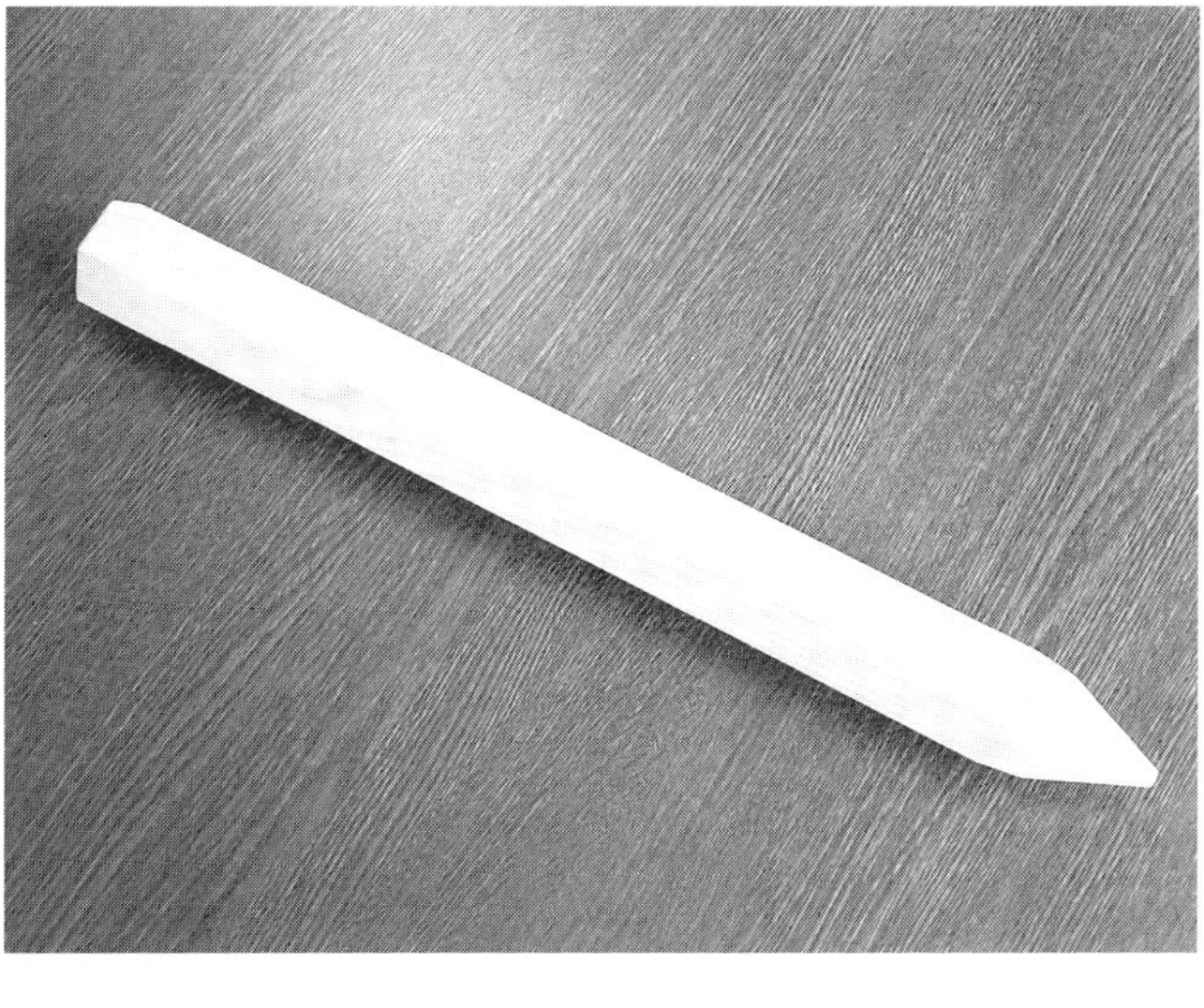

対談

加持祈禱の現在

◆羽田守快・大森義成

祟りの話

羽田　人から聞いた話ですが、関東のあるお寺で、「双身天《そうじんてん》」と書かれた箱が出てきた。開けるなと書いてあったけど、開けてみたい。それである人に聞いたら、双身なら歓喜天だっていうので、歓喜天行者が三人集まって開けた。「俺たちは歓喜天行者だから平気だ」っていって。ところが開けてみたら出てきたのは、双身の毘沙門さんのお像だった。なんだか気持ち悪いからすぐしまったんだけど、その後交通事故で二人死んで、屋根から一人落ちて全部死んだといっていた。最近祟りの話を聞きますか？

大森　本書にも書いたんですが、墓をあまりいじくると祟るといいますね。墓地を改葬するというので行った坊さんに障りがありました。修力《しゅりき》が弱くて何もない平地で足をとられて捻挫したんです。こうして拝んでおけといって伝授したんだけど、行者に障りがきてしまった。

羽田　普通の観念の人は障りを受けやすいよね。昔の坊さんが妻帯せず、肉食しなかったのはそういうことでしょう。何か「異界」であればいい。

大森　山に入るというのもそうですよね。

羽田　そうですね。これは私の勝手な解釈なんだけど、出家・在家って、「家」という言葉がつくでしょう。だから家の観念のない人は障りを受けにくいと思うんですよ。家族とか家庭があってそれが柱になっている人は、たとえ出家しても障りを受けるんですよね。行者は結婚してはいけないというのではなくて、結婚しない方がやりやすいということなんじゃないでしょうか。

大森　そっちの土俵に入ってやるということですね。その土俵に入るとその世界で初めて相撲がとれる。

霊媒祈禱

大森　霊媒祈禱のエピソードを紹介していただけますか。

羽田　弘法大師が出てくることがあります。けど、そんなのには驚かない。弘法大師の霊が出るというのは、個々に祀られている弘法大師のお堂に入っている念が出るわけで、本当の弘法大師が出るわけではない。信仰を預ける弘法大師という霊体が出る。歴史上の空海さんが出るわけではない。要するにそこに入れられた念ですよ。だから不動明王でもどこの不動だって聞くんですよ。いえないようだったら偽者だから追い払えって。私の知っている霊媒さんが、八大竜王だっていったら蠟燭をもってきてあぶられた。本当の八大さんだったら熱くないですよねっていって。でもその人は本当に熱くなかったんです。熱くなくても手は焼けたらしいけどね。

大森　行方不明の人を見たことはないんですか？

羽田　ありますよ。私の師匠が引き戻しをかけたことがあります。戻ってきたけど、その時に霊媒がかかってる人が、こう後ろの方に引っぱられるような感じがしていた。降霊して逃げてる人を呼んだんです。どこにいるのかと聞くといやだといっていわない。じゃあ強制的に引っぱり戻すからといったら、次の日帰ってきた。

大森　その人は祈禱されているというのはわかってたわけですか？

羽田　それはわからないでしょう。なんとなく帰らなきゃいけないという気になって帰ってきた。やられている人はなんとなくですよ。生き霊はしゃべっているのでわかってるらしいんだけど、本人はわかってないでしょう。

大森　それは潜在意識なんですか？

羽田　そうですよ。「殺してやる」といったからって本当に殺してやると思ってるわけじゃないでしょう。夢の世界だから。制約がない世界での「殺してやる」だから。「殺してやる」って生き霊が出たからってそのようにとっちゃいけないんですよ。霊感のある人って敏感なんだけれど、思いこみが激しいんです。だから「霊感がなくならないとプロにはなれないよ」って弟子にはいっているんです。

大森　本当の「障り」というのは少ないんじゃないかと思うんですよね。

羽田　少ないですね。ただ、昔は精神の病とかはいわなかったわけですよ。みんな狐憑きになる。それを全部治しているんだから、昔の阿闍梨さんは強いと思うね。

大森　精神療法の心得があったんでしょうね。

羽田　昔の阿闍梨さんは、それだけの験徳があったんだと思いますよ。禅定力《ぜんじょうりき》みたいなものが。有名な禅師が一泊しただけで、幽霊が出なくなったっていう話があるくらいですからね。呪術のオーソリティだけじゃなくて、徳力をもっていたんでしょうね。

大森　説得したりするのが上手だったんでしょうね。

羽田　今は薄徳の修行だからだめなんでしょうね。

昔は仏陀の権威って絶対だったんです。ある本に載っていたんですが、お釈迦さんだぞっていうと憑いた霊が怖がるという。「お釈迦さんの前に懺悔して出ていくっていえ」っていうと、「はい、出ていきます」「いいな、もうくるんじゃないぞ」「はいわかりました」で治る。要するに絶対的権威があるから治りやすいんですよね。それは心理療法でも心霊療法でも同じことなんです。日本の場合はあまりそういうことがない。信仰してないから治るわけがない。「不動明王がそういっているぞ」といったって、「不動明王ってなに」というような感じでしょう。信仰的基盤が失われつつあるところでは、霊的呪力が効かなくなってしまう。

大森　勧善懲悪的な思想というのは重要なんですけどね。

羽田　だけど、信仰は一日では成らないけど、恐怖は一瞬にして成るんですよ。だから新宗教は伸びやすい。このままだとえらいことになりますよみたいな話はあっという間に広まるんですよ。これとくらべると、正面から信仰しなさいというのは広まらない。

秘法の伝授

羽田　密教に期待している人というのは増えていると思うんですが、信仰としての期待は少ないですね。呪術的なものを期待するみたい。ある意味、今みんな平安貴族なんですよ、お金もあるし余裕もあるから。行者を呼んで拝ませるみたいな状況です。

大森　ご祈禱は責任が生じるから、やたらめったらやるというわけにはいかないんです。お加持を推奨したり、どんどん術を伝授したりして商売まがいなことをしている人がいますが、ああいうのは問題あるでしょうね。

羽田　信仰がないですよね。よく、頼りにしていた先生が死んじゃって、住職が変わったから祈禱してくれといってくる人がいますけど、それは住職を信仰していたんだろうって。本尊がかわっていなければ本尊に頼めばいい。

大森　今まで頼んでいた仏さんをないがしろにするというのは間違っている。

話は変わりますが、効く術というのは、あまり他人に洩らすと効かなくなるといいます。私の知人でも、家伝の呪《まじな》いや呪法や祈禱があって、他人に洩らすと効かないからと絶対教えてくれません。どんな人から習ったのかと聞くと、お遍路さんとか六部みたいな人に聞いたといっていました。

羽田　お遍路さんというのはそういう秘法を持っていますね。私もお遍路さんに足をくじいたときの霊符というのを習いました。私の師匠も、秘印を自分の弟子以外に伝えないといっていました。弟子以外の人に伝えても効かないから無理だって。

大森　そういう秘儀伝授、イニシエーションというのはありますね。だから大々的に祈禱とか行法とかの伝授をやっているところというのはおかしいですよね。

羽田　商売としてやるもんじゃないですね。法を伝えるために教えるのはわかりますが。

大森　加持祈禱者を養成してもあまり意味がない。秘法伝授というのも、事相の伝授でも小僧に今日は伝授するから来いといって、壇の上に上がったら今日はやめておくといって、それを繰り返して、最後までついてきた者だけに授けたという。

羽田　それはありますね。私の師匠なんかも「明日伝授するから」という。でも明日はこれませんといった人には「縁がないんだね」という。現代的な感覚からすると、ひどいとか無慈悲ということになるんだろうけど、本来はそうですよ。

ミラレパ尊者の話の中に、自分の師匠がいろんな形の家をミラレパにつくらせるけど、つくらせたあとで違うじゃないかと壊させて、何度もつくらせるというのがありますが、そういう過程が大事なんです。そしてミラレパ尊者はうちの師匠はデタラメでだめだからと、よそへいって灌頂を授かろうとするとそれがばれるんだよね。いった先の阿闍梨さんが、あなたはよそのお弟子さんでしょうという。実はこういう人について勉強したんだけどというと、それはダメだと授けられないから帰れといわれた。

ところが商売になるとそれはできないですよね。お金を払ったんだから教えてくれという。だから商売としては教えられない世界なんですよ。商売のようにギブアンドテイクの世界では成り立たないことを教えなければいけないわけですから。

今若い人で祈禱をしたいという人の中には時々立派な人もいますけど、なかにはくだらない人もいて、大黒天供を習ってお金持ちになりたいとか、愛染法を習ったら好きな彼女がふりむいてくれるんじゃないかとかというその程度の考え方の人もいますからね。

大森　特殊技能を身につけるような感じですよね。陰陽師になりたいというのと同じだな。陰陽師って密教の拝み方するんですか？　真言唱えたり。

羽田　中世以降の陰陽師は、民間祈禱師の総称だと思います。確かに真言も唱えたりしますが、宮廷陰陽師の頃はそうではないですね。宮廷陰陽師というのはむしろ占い師ですよ、宮廷の。いろんな呪術部門をやったのは密教僧です。だからテレビの陰陽師って江戸時代までのいろんなイメージが全部合わさった陰陽師なんでしょうね。

大森　星供《ほしく》とか土公供《どこうく》とか、密教の修法には昔の陰陽道の影響があるなあと思います。ああいうのは面白い。これこそ本当の陰陽道の名残りですよ。

羽田　宮廷陰陽師というのは密教と違って、例えば摩利支天法のような個人のための修法ってないはずなんです。その発祥からして宮中のことを祈るのが本来の仕事ですから。ということは、天冑地府祭とか泰山府君祭とか大法みたいなものしかないはずなんですよ。

でも、本当に密教をやりたいと思うのであれば、本格的にやればいいと思うんですよね。本山で得度を受けるとか、お寺を訪ねて手順を踏んで。中国拳法には三年かけて良い師を探せという言葉があるそうです。三年かけていい師匠を探しなさい。見つからなかったらもうやめなさいと。三年かかっていい先生がいなかったらやめて信者に徹するというのも一つの道かもしれないですよね。

大森　先生のところでは加行《けぎょう》で護摩《ごま》が終わったら、最後に火伏《ひぶ》せをやりますよね？　みんなだいたい通りますか？

羽田　それは通る。でもそのかわり七日間泊まりがけでやらすから。気が張ってるからね。あれは通いでやっていたら通らないですよ。

大森　あれは伝授しても失敗する人もいるんですよね？

羽田　いますよ。

大森　手がベロリってなるんですね。

羽田　それほどでもないけど、火ぶくれがぽちぽちとできますよ。やっぱりああいうノリの行は気を張ってないとできないですよ。「さっさとやれっ！」ってどなられながらやるくらいじゃないと絶対成功しないですよ。火に手をつっこむより「〇〇阿闍梨のほうが恐ろしい！」ぐらいじゃないと（笑）。まあ、一種の「ランナーズハイ」みたいな状況になってるからできるんです。心理学的にはランナーズハイになったら不思議なことができるというけれど、そういう状況を一回経験すると、同じ状況を自分で作れるようになる。それが行法の功徳だと思います。

祈禱と因縁

大森　火渡りの行法などはショー的になってますけどね。

羽田　私自身は自分が飯縄使《いづなつか》いだから、あまりいいたくはないですけれど、要するに詐術の典型みたいな言葉として「飯縄使い」と使いますよね。だからこのくらいの妖獣を飼って、竹筒に入れて歩いていると信じられていたわけですよ。だから逆に竹筒に霊符を入れて飯縄山あたりの石をとってきて入れる呪法もある。あるけれどそういった噂からできたんじゃないかな。

例えば呪い返しの祭文であるとかは山ほどあります。しかし呪う方法というのは古文書を見てもあまり多くはないんです。

呪われている観念の方が呪っている人より多かった。それは今も同じような状況です。呪われていると思っている人はすごく多い。実際に呪ってる人は少ない。呪うような気持ちでいる人はいるでしょう。だけどその中で実際に呪法まで使って、紙に名前を書いて釘を打つというようなものでも、実際にやってる人はほんのわずかだと思いますね。

それでも私が見た修験道の文書の中には、馬式犬式というのがあって、馬や犬を殺してその霊をつけるという方法がありました。これは私も師匠から聞いていたけれど、四国などにあるそうです。狗神使《いぬがみ》いもそうですね。現実の動物を殺して、それもいじめ殺してその念をつけるというような作法はある。……猫をなぶり殺しにするとかね。でもそれは方法自体がとてもよくないものですから。妖術ですね。

大森　加持祈禱っていうのは、ある種、運命を変える願いをするわけだから、それなりの反動があるって考えないといけない。

例えばガン封じの祈禱をやっている行者がガンを病む。私の知っている行者に何人かそういうことがあった。病気というのは必然の現象なんですよね。それをその現象の部分だけみて何とかしようとすると、自然からなんかの反応があるんじゃないかなと思うんです。

現象が起きるというのはある種の根本原因、まあ因縁があるから結果が生じるわけです。祈禱だけをすれば因縁が消えるかというとそうではない。仏教では懺法《せんぽう》といって、懺悔するということが重要なんですよ。その仏さんだけを拝めば因縁がなくなるとか、これだけ信者を増やせば病気が良くなるとかそういうものではない。自分自身を謙虚に反省して、日常生活の中で贖罪的なことをしていく。懺悔が重要。それがないと念力でやってしまおうとする。急に神憑りして教団が急成長したところが、また急に没落する例を知っています。元気なときは飛ぶ鳥落とすほどの法力でも、晩年に不遇になったりしますね。

羽田　あるある。祈禱にはそういう問題があるよね。難しいですね。

本書は2004年10月刊行の『呪術探究 別巻 図説 神佛祈禱の道具』の改題・新装版です。

［図説《ずせつ》］呪具《じゅぐ》・法具《ほうぐ》・祭具《さいぐ》ガイド

2021年12月14日　第1刷

編者…………呪術探究編集部

装幀…………佐々木正見

発行者…………成瀬雅人
発行所…………株式会社原書房

〒160-0022 東京都新宿区新宿1-25-13
電話・代表03（3354）0685
http://www.harashobo.co.jp
振替・00150-6-151594

印刷・製本…………シナノ印刷株式会社

ISBN978-4-562-05983-6